教師も愉しむ作文生活

白石壽文
権藤順子　編著

はじめに

皆さんは、「書くことを愉しんでいますか」「どんな場合ですか」

一番は、「大事な人への手紙」でしょうか。相手や状況に合わせて言葉を選ぶ際に、相手の喜ぶ表情を思い浮かべ、わくわく　どきどきと　愉しさを感じることでしょう。

私たち作文研究会は、少しでも多くの先生の役に立てればと昭和五十六年の発足以来、基礎基本の技能や書きなれるための手法、単元開発、日記指導、気軽に編む文集、文種の特性による指導法など時代の要請に合わせて版を重ねてきました。

今回「教師自身も愉しむ」ことを取り上げました。教師の周りには、実に多くの「書く」があります。学級通信、連絡帳の返事、作品へのコメント、ゲストティーチャーへの依頼状、礼状など。

教師が愉しんで書く姿を児童にみせることが、「書くって愉しそう」「私にも書き方教えて」という書くことへの憧れや意識向上につながることでしょう。

現在、喜怒哀楽すべて「やばい」という言葉ですます風潮があり、語彙力不足が危惧されます。「すばらしい」という言葉の関連語彙だけでも「はなばなしい」「めざましい」「ひときわ」「えもいわれぬ」「豪儀な」「秀逸」「至高」「圧巻」など、その場や状況によって多くの使い方があります。言葉選び、言葉吟味も「書く」大きな愉しみの一つです。

自分が選んだ言葉は、はたして相手を喜ばせ、目的や場にふさわしい言葉だったのか、言葉選びを工夫し、相手の反応を確認することは、書くことの無上の喜びだと考えます。

その喜びを児童にも分け、誘《いざな》う『言葉選びの例文（モデル文）』を今回は、核としています。

相手を喜ばせる言葉、構成、書き出し、結び、テーマなどのモデル文は、書く愉しみを増幅し、よりよい人間関係を構築することであり、人生を愉しむことにもつながります。

体系

「書く」愉しみの花を例文（モデル文）で咲かせよう。
児童も教師も愉しめるモデル文と取り組み方を示しています。

一章　白石先生の理論・提案

二章　各担任の愉しみ　（様々なジャンル）
四つの誘いで　目的をもとに取り組み、各リーダーが特性を述べ、導いています。

1　愉しみを支える
説明文　観察文　俳句・詩　物語　随筆

2　愉しみを広げる
詩　物語　意見文　思い出カード　資料活用

3　愉しみを見出す
記録文　手紙　投書　民話の教材化

4　愉しみを生かす
意見文　日記　文集

三章　担任外の愉しみ　（様々な対象）
家族　保護者　同僚　全児童　地域　など
親子の詩　学級通信　研究便り　学校掲示板　学校便り　ＰＴＡ新聞

※　日常活動として「今日は何の日」と「おすすめの本の紹介」
書く愉しみは、書き慣れることから　そして言葉へのアンテナからスタートします。
まずは、えんぴつとノートを持って　この本を愉しんでください。

体系図「書く」愉しみの花

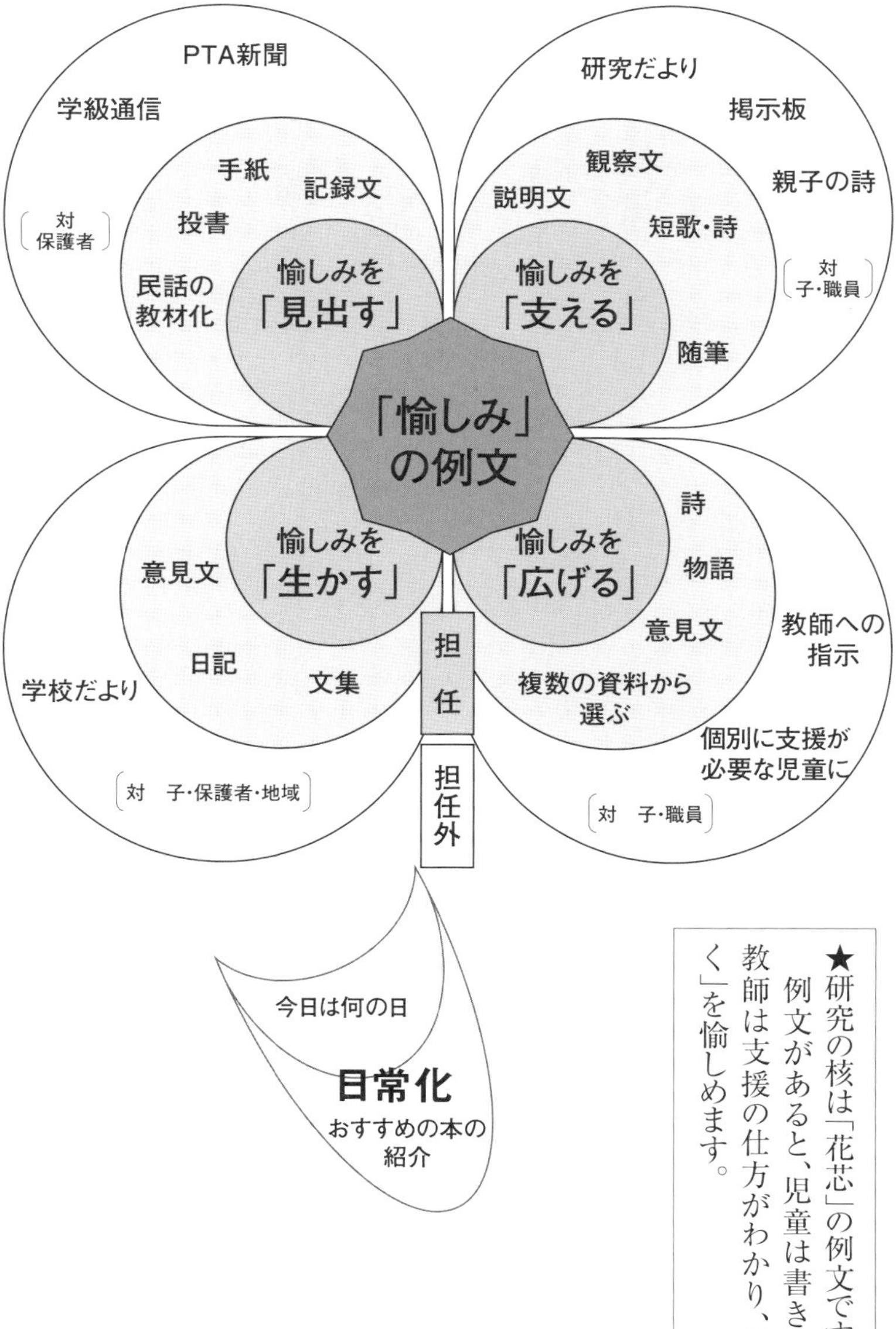

★研究の核は「花芯」の例文です。例文があると、児童は書き方、教師は支援の仕方がわかり、「書く」を愉しめます。

教師も愉しむ作文生活

目次

書・米倉 一成
画・阿見みどり

一章　教師も愉しむ作文生活

伊能忠敬
蝦夷地の測量へ出発
（1800）

歩け、歩け。
続けることの
大切さ

1　愉しむ作文生活に備える訓練

はじめに

　音声表現・文章表現、いずれも読書生活が基盤になる。常に読書を続けて、必要に応じて、話したり書いたりする。作文だけ力をつけようとしても期待通りには伸びない。豊かな読書が続けられてこそ表現が思い通りの豊かさとなる。
　以下の各手引きも、学習者・保護者・指導者ともに読書生活が日々営まれていることを前提としている。

その一　大村はま著『中学作文』（筑摩書房）

　本著は中学生用の手引書であるが、十分に小学生にも手引書として有効である。今日からすぐに役立たせられる手引きを、この本から抽出してご自身と学習者の文章表現力の向上に生かしてもらいたい。

一　述べ方

Ａ　描写する

人物や事物・場所を取り上げて、形・様子・色・音・におい・感じを書く。

①となりにはどんな友だちがいるか。　②あなたの筆箱は。

③この花のにおいは。　④教科書の表紙は。

⑤いま、どんな音が聞こえるか。

人物や事物・場所の形・色・におい・感じを思い出して書く。

①デパートに行った時の様子。　②あなたの家の前はどんなところか。

③先生の姿・様子。

いろいろの物事や状態から想像したことを書く。

五六人の小学生がかたまって話し合っています。ときどき楽しそうな笑い声が起こります。どんな話し合いでしょう。具体的に人物を設定して書きましょう。

絵を見て、そこに見られる、ある生活の断片を書く。

絵を見て、絵の、前と後の情景を書く。

会話によって、その話し手の心持や様子を書く。

「やあ、かえるくん。二人で何をしているんだい。」

「うん、えっと、べつになんにも…」

「何を話していたんだい。」

「たいした話じゃないよ。」（11期文集75P）

B　説明する

①出来事を、時間に従って説明する。　②ものごとの組み立てを説明する。

③新しいものごとを、今までに知っているものと比較しながら説明する。

④ものごとを、実例によって説明する。

C　議論する

①証拠をあげ、根拠をあげて、ある意見に賛成したり反対したりする。

②短い文で書かれている結論を、二つの文にしたり、三つの文にしたりする。

③結論を短くまとめて書く。

D　説得する

①読む相手を心に置いて、書こうとする意見に合った例を選んで書く。

②読む相手を心に置いて、書こうとする意見を相手に訴えるために、引用することばやことがらを選んで書く。

E　物語る

①あることを第三者の立場になって書く。　②ひとのことを自分のこととして、一人称で書く。

③あることを対話の形で書く。　④あることを日記や手紙の形式で書く。

⑤あることを架空（かくう）の世界のこととして書く。

F　感動を表す

①『○○』を読んで、主人公になったつもりで、その心を詩のように書くか、主人公に向かって、言ってやりたいことを詩のように書く。

②『海の命』を読んで、その感動を短いことばで書く。

二　書き出し

①自分の一つの論拠から書き始める。　②自分の考えと他の考えとを対比して書き始める。

③反対の考えから書き始める。　④問題提起の形式で書き始める。

⑤ある出来事を時から書き始めたり、所から書き始めたりする。

⑥ある出来事を情景から、または会話から書き始める。

⑦ある出来事の発端から、または結末から書き始める。

⑧書こうとしていることの中心的な人物から、または印象的な一端から書き始める。

三　段落

A　切り方

①新しい考え、新しい段落によって、説明文の段落を切る。　②友達の感想文の段落を切る。

③時刻・場面・動作・人物によって、物語の段落を切る。

B　関係

①書こうとすることによって材料の順序を決める。
②ある意見の段落に前のことを確かめたり、はっきりさせるための根拠や理由を書く。
③ある意見の段落に続けて話を切りかえ、別の観点から同じ問題を取り上げて書く。
④ある意見の段落に、わざと反対のことや、逆の面から述べる段落と、また本論にもどる段落を書く。

C　補充・省略

①相手の立場や考え方によって、念をおすべき段落を入れる。
②読み手の立場や考え方を示して、不要な段落を省く。

D　主題の出し方

①主題を一番初めの段落に出すとして見出しを書く。
②小主題を次々に出していき、それらを全部合わせて一つのまとまった主題を出すことにして見出しを書く。
③主題に対しての反対主題を一つ一つ取り上げて批判し、自分の主題だけを残すとして見出しを書く。
④それぞれの段落で、主題自体でなく、主題に関係した事柄を取り上げ、結果として主題を示すことにするとして見出しを書く。
⑤いろいろな主題の出し方に合わせて見出しを書く。

E　中心文の位置

①段落の中間にある中心文を、初めへ、または終わりへ移す。
②段落の初めにある中心文を終わりへ移す。
③段落の終わりにある中心文を初めへ移す。

F　結び

①相手・場によって、文章の終わりの表現を書く。
1　力強く、大勢の友達に呼びかける。

2　ていねいに、公衆を相手にして語り掛ける。

3　個人に呼びかける。

②結論前までの文章に結びを書く。

G　強調

①読み手の立場を示して、協調すべき段落を書く。

②読み手の立場や考え方によって、簡単にする段落を選んで簡単に書く。

③相手の立場や考え方によって、どの段落かを強調する。

④場・相手・目的によって、適当な強さの言い方に書きかえる。

四　書き継ぎ（文と文）

①主語文節によって文を書き続ける。　②述語文節によって文を書く。

③書き出し文によって第二の文を書き継ぐ。　④ある文に、続きことばや「こそあど」によって文を書き継ぐ。

⑤いろいろな二つの文を書き継ぐ。　⑥結論に書きそえて、それを具体的に肉付けして書く。

⑦結論的意見に、同じ意見・または反対意見を続けて書く。

⑧三つの事柄を、四つか五つの文に書く。

⑨作者や経験者の気持ちを書いた文章に続けて、気持ちの原因や事実を書き添える。

五　材料

①いろいろな材料を目的によって選ぶ。　②一つの材料で目的を変えて書く。

③いろいろな材料を主題によって、書く順序に並べる。

④ある論文を紹介し、それに対する意見を書く。

六　注

①注釈する必要のあるものに注釈をつける。

②参考文献の必要な文章に、参考文献をつける。

その二　大村はま著『やさしい文章教室―豊かなことば正しいことば―』（共文社）

「毎日中学生新聞」に連載したものである。その一との重複もあるが、目次を引用する。

一　こんなところから踏み出そう

①えんぴつさん　こんにちは。②このポスターに引かれる。③身のまわりのことを書く。④思い出して書く　想像して書く。⑤いろいろなことを書こう。⑥さてこの紙は？。⑦どう書き出すか。⑧三十五人の三十五の書き出し。⑨気持ちが通じない。

二　豊かなことば　正しい表現

①「正確に書く」とは。②ことばをさがす。③ぴったりした表現。④ことばをそろえる。⑤なんとも言えない。⑥動詞を使いこなす。⑦意識して目をとめる。⑧こころのなかを字で描く。⑨作文遊び。

三　こんなところを工夫しよう

①目当てを決めて。②読書の感想と紹介とを区別して。③心に響かない文章。④もう一歩突っ込んで。⑤真実が書き表せるということ。⑥きめの細かい表現に。⑦浮き上がった文章とは。⑧とる・削る・省く。⑨こんなところでつかえたら。

四　より正確に　より豊かに

①いろいろの日記。②文章の書き比べ。③書き継ぎ。④調べて書く。⑤思いがけない内容。⑥組み立てと表現。⑦労作を評価し合う。

その三　浜本純逸・白石壽文他編、『楽しい作文ノート―わたしたちの認識と表現』（光文館）

これまでと同様に、中学生用に編集された手引書である。小学生にも活用できる手引きを選んで、提供する。
①めあてを明確にして書く。　②自己紹介を書く。
③生活文を書く。（生活から題材を収集し、構想し、叙述する）
④事実（嬉しかったこと・悲しかったこと・悔しかったこと）をありのままに。
⑤体験したことをもとに、文学的に書く。
⑥新聞やテレビから考えさせられたことを、意見文にする。
⑦自分と人々との関わりを箇条書きにする。　⑧民話を創る。
⑨アルバムを見ながら想い出を書く。　⑩第一次作品を書き直す。
⑪心惹かれた詩をノートに写して、アンソロジー（詩・文集）にする。

おわりに
「作文ノート」を用意しましょう。何でも気軽に書いておけば、後で文章を書こうとする時に、忘れていた題材や表現などが役に立ちます。

白石は、1～6年は思いっきり自由に書く。3～6年は、決められた条件に合うように、しっかりと表現する。5・6年は、条件に留意しながら、思うまま自分の文体で自由に書く。

ということを薦めています。

なお、当然ながら、書き終えたら、必ず推敲する。なるべく時間を置いてからがいい。できれば音読し、それを聞く。聞きながらの推敲も有意義である。

「ふりかえり」の参考文

無着成恭編『続・山びこ学校』（むぎ書房）「〇〇を勉強して」という、学習週末に今流行りの「振り返り」が「作文」として百余編紹介されている。中学一年生の作品ばかりである。冒頭の一編を引用紹介する。

母音　鈴木　仁

ぼくは、五年生になって『にっぽんご5』をならう前、どうしてあだんならあだんで「ああ、かあ、さあ、たあ、なあ、はあ、まあ、やあ、らあ、わあ」というように、のばすと「あ」がつくのか、不思議に思っていた。でも、5年になって『にっぽんご5』の7ページを勉強したら、やっとわかった。そこにはこう書いてある。

「単音には母音と子音があります。母音はそれだけで音節になります。子音はいつも母音のまえについていて、母音といっしょになって音節をつくります。

aiueo は母音です。smb は子音です。」（注・本文は分かち書き）

つまり、「あだん」の音節はみんないろいろな子音と母音「あ」の組み合わせでできているのだ。そして、その組み合わさり方が母音をあとにして組み合わさっているので、のばすと「あ」がのこるのだ。

こんなかんたんなことでもわかったとき、なんだかうれしいきもちがおなかの中にいっぱいになった。


（白石　壽文）

現在の授業での多くの「ふりかえり」は不適切である。

2　仮説提言「第7学期の語彙の豊かさと表現の愉しみ」への誘い

資料1　国語科の目標

第１・２学年

1　知識及び技能（第1学年から第6学年まで同じ表現）

日常生活に必要な国語の知識や技能を身に付けるとともに、我が国の言語文化に親しんだり理解したりすることができるようにする。

2　思考力、判断力、表現力等

第１・２学年

順序立てて考える力や感じたり想像したりする力を養い、日常生活における人とのかかわりの中で伝え合う力を高め、自分の思いや考えをもつことができるようにする。

第３・４学年

筋道立てて考える力や豊かに感じたり想像したりする力を養い、日常生活における人とのかかわりの中で伝え合う力を高め、自分の思いや考えをまとめることができるようにする。

第５・６学年

筋道立てて考える力や豊かに感じたり想像したりする力を養い、日常生活における人とのかかわりの中で伝え合う力を高め、自分の思いや考えを広げることができるようにする。

3　学びに向かう力、人間性等

第１・２学年

言葉がもつよさを感じるとともに、楽しんで読書をし、国語を大切にして、思いや考えを、十分時間をかけ伝え合おうとする態度を養う。

第３・４学年

言葉がもつよさを感じるとともに、楽しんで読書をし、国語を大切にして、思いや考えを伝え合おうとする態度を養う。

第５・６学年

言葉がもつよさを認識するとともに、進んで読書をし、国語の大切さを自覚して思いや考えを伝え合おうとする態度を養う。

１の「知識及び技能」は６か年全く同じである。さらに２個学年まとめて示されているのは、言葉と言葉による学習とに十分の時間をかけて定着を期待した結果であろう。

目標の具体化のために内容には、比較的詳細な事項が明示されている。

資料２　国語科の内容

○言葉の働き、○話し言葉と書き言葉、○漢字、

○語彙―語句の量・１・２学年「身近なことを表す語句の量を増す」、３・４学年「様子や行動、気持ちや性格を表す語句の量を増す」、５・６学年「思考に関わる語句の量を増す」―「語句のまとまり」

○語句のまとまりや関係、構成や変化―第１・２学年「意味による語句のまとまりがあることを理解」、３・４学年「性質や役割による語句のまとまりがあることを理解する」、５・６学年「語句の構成や変化について理解する」

（以下、引用略）（白石注釈〔語彙〕の意味に問題あり）

４　我が国の言語文化に関する事項

伝統的な言語文化

1・2学年―言葉の豊かさに気付くこと、3・4学年―ことわざや慣用句、故事成語などの長い間使われてきた言葉を知り使うこと、5・6学年―作品に表れている昔の人のものの見方や感じ方を知ること

○言葉の由来や変化

第1・2学年―なし、第3・4学年―部首と他の部分とによって漢字が構成されていることを知るとともに、実際の漢字についてその構成を理解すること、第5・6学年―時間や場所による言葉の変化、言葉の由来について理解すること

資料3　同一児童の同一作文題（附属小学校についての説明）での6か年の作文例（／は改行を示す）

① **附属小学校のこと（1年終了時の三月）**（引用者注＝作文は全て原文のまま）

ようちえんのみなさんにいいます。まず、ちゅういをいいます。べんきょうのときはてまぜをしないそしてせきばなれをしない。ちょうかいのときは、だまってはなしをきいてまもりなさい。こくごのじかん本をよみます、そのときは、おおきいこえではなすこと。やすみじかんは、じっぷんです。そのあいだになわとびやべんきょうをしてくださいあなたたちがきたらぼくたちは、二年生になります。あなたたちもがんばって二年生になってください。ぼくたちもいい二年生になります。かえりがけは、よりみちをしなく、はやくかえりなさい

② **附属小学校のこと（同君、二年終了時の三月）**

「こんどから、はいってくる一先生の人、おめでとう。」／べんきょうはきびしいけど、どりょくと、ゆうきをだせは、ぜったいくらす一の子どもになれる。／それがだめでも一、二、三、四とくりかえしたら、いつかはなれるそれをしんじてがんばってやりぬいてください、どんなに、くるしいときでもやりぬくこと。ぼくたち二年生は、おにいさん、おねいさんにしてあなたたち、こんどはいってくる一年生に、なんでもおしえてあげます、はからないらないことがあったらききにきてください。べんきょうのじかん四十五分です。いやになってもやめられません。／ぼくの二年生たちでも四十五分なんてきつい、だけどいままでぼくたちはがんばりぬいたんだか

らがんばってください。ぼくたちもがんばって、きれいな、学校にしましょう。

③　**附属小学校のこと（同君、三年終了時の三月）**

一年生になった、みなさんおめでとう。／学校では、きゅうしょくがあったり体育館があったりします。そしてぼくたち三年生は、君たちのお兄ちゃんだから、わからないことがあったらなんでもいいにきていいです。ぼくたちはこんど四年生になって、いろんなクラブにはいります。クラブにはじっけん、やきもの、ダンス。りく上、きかい運動などいろいろありますから、君たちも、四年生になってはいってください。そして春やすみ冬休みもあります。そして、きゅうしょくをたべてから、昼休みという休み時間があります。とてもおもしろいです。また先生のいうこともよくきいてください。そしてなれてくると、九州一週とか、佐賀県一週があるのでがんばってください。きょうしつでは、さはいではいけない。からちゃんとおりこうさんのようにして、外で元気にあそべばいいでしょう。ぼくたちもきみたちのことをよくみて注意するの気をつけてください。（白石注・漢字には読みがながつけてある。）

④　**入学してくる一年生へ（同君、四年終了時の三月）**

学校では、まずあさ先生にあったらかならずあいさつをしましょう。一年生になって勉強がわからなかったら、しつもんにきてください、おしえてあげると思います。／テストのときは、早くするとまちがえるので、問題をじっくりみて、終わると、何回も、見直しをすれば、100になるだろう。／そして体にきおつけてじゅうぶん用心してください。先生を大事にしないといけないよ。あなたたちが、6年のときは、ぼくたりは、高校の一年生だから、テストでいそがしく、あそべないと思うけど、ぼくたちのことを思いだしてください、そしていいことだけでなく、／わるいこともして、いろんなことを、けいけんしていってください。あんない　一階に、一年と二年の組と体育教材室、／二階に、3年と4年の組と算数教材室、三階は、5・6年の組と社会の教材室です。ほかに、音楽室や、体育館、図工室、理科室もあります。ほかは、あまりかくことがないので…サヨウナラ〜〜

⑤

附属小学校のこと（同君、五年終了時の三月）

四月から一年生になるみなさん／ぼくが今からこの学校のことを話しますのでよくきいていてください。／まずは、校内の様子からはじめます。／1階には、きみたちがはいる一年生の教室と二年生の教室があります。／それから、あとであなたたちが勉強する理科室や図工室があります。／話はかわりまして、ぼくも君たちと同じように一年生になってこの学校にきたんだけど、ぼくだって、理科室や図工室ときいても、わかりませんでした。でも、この学校で勉強というものをしてきて、なんとかわかってきました。よくわからない時などは、ぼくより上のおにいちゃんやおねえちゃんからならいました。そして、学校というものは、いろんなことをやりながら、だんだんに身につけていくことだとわかりました。ぼくらは、ならったことを身につけながら五年生になった。そうしながらだんだん上級生になっていくんだぞとならうのが小学校というものなのです。／先生がたは、やさしいが、きみたちがわがままをいうとおこってしまうから、わがままをいわずいい子にそだってください。／それからこのがっこうには、一月から十二月までのたのしい行事がありますので、せいいっぱいがんばってください。

⑥

附属小学校のこと（同君、六年終了時の三月）

こんにちは〜／ぼくは、こんど附属中学校という小学校よりも大きく、来る人たちもみんな十二・三才の人たちがかようところに行くのですが、まあはやくいえば小と中がかわったぐらいのところなんですネ!!　ぼくたち六年生はもう卒業なのであまりいろんな事は教えられないけど今度六年生の人たちは、きみたちにとって最上級生、つまり一番えらいのです。（先生は別）それにとってもやさしいお兄ちゃんや、お姉ちゃんたちなので、仲よくしてください。いじわるなんかしたら、おこっちゃうからネ!!／つぎに先生の話をしてあげる。この附属小学校にはこわ〜い先生もたくさんいるし、やさしい先生もたくさんいるんだよ。でもこわい人にもやさしいめんはあるんだから、みんなでのけものにしたりし、うわさ話しをしたりしたらいけないから!!先生だけじゃないよ!!／それから、学校には木動物がたくさんいるので、見学したりしたらいいと思うよ、そのかわり木の枝をおったり動物をいためつけたりしたらしかられるから‼／まあぼくから中告することはこれぐらいだけどいろんなことがあるので気をつけて、「あ」‼それからもう一つ健康に気を付けて、かぜなどの病気にかからないように。いろんな病気がうようよしているからくれぐれも気を付けて、も一つおまけに気を付けて。‼

学校認識で学年が上がるに従って語句から語彙表現に的確性が向上していることが明らかである。三年生に「給食と体育館」を併記表現しているが、大人の言語感覚からすれば一つ言葉に並べられない。しかし、この書き手の論理では一つの語句と見なされる。

国語で伝統文化や地域文化、偉人などが多く学習内容にされている。やむを得ないことではある。しかし、さらに大切にすべきは、世界各地域の言語生活・文化と伝統・歴史などではないか。日本を訪れる外国人の日本についての知識の無さを見れば、当然のように日本人が外国でいかに恥ずかしいことや失礼なことを平気でやっていることか。諸外国への無理解はひどいものである。

低学年・中学年・高学年各2か年ずつ同文目標になっていることを6学期にし、低中高に1学期ずつ増やして7学期にしてはどうか。低中高の各6学期は従来通りの授業で、7学期は2か年のどこに位置付けてもいい。15分3回のモジュール方式でもよし、45分フルにでもよし、教師と子どもたちで決めていい。内容は、調査、読み聞かせ、個人研究、グループ作業…で、教科書や学校図書館にはない資料を使って教師が中心になって活動する。東北大学の川島隆太教授のグループの研究によると、物語・詩・新聞記事・記録・論説・戯曲・翻訳などなど、多岐にわたる表現毎に、脳の使い方が異なるとのことである。しかも黙読よりも、音読がいいらしい。教師が音読してやり、内容を分かりやすく解説しての話し合いで視野を広く・深く、思考を重ねる時間にするよう、強く提案したい。教師の読書と各国の民族の習慣、生活基準、善悪の判定、格差基準、歴史と蓄積などが大きく影響する。

7学期の内容と表現活動例…複数語彙の中から一～三語彙を使って三文構成の文章を書こう。たとえ三文での文章であっても、相手の誹謗・中傷・批判・差別など、心を傷つけるような表現は絶対にしてはならない。

①

低学年（1・2学年）

1　関啓吾『日本の昔ばなし』岩波文庫…「貧乏な長者」ってどんな老夫婦だろう。3冊の本から探して「長者」について調べてみよう。…「長者」・「ひとり者」・「ごうたれ爺」・「ただしい理由」

2『佐賀のわらべうた』音楽の友社…班に分かれて調べ、みんなに発表紹介しよう。…「わらべうた」・「三日月模様」・「推論」・「民謡」

3『子ども日本風土記』全国各県、岩崎書店…各県を分担して読み聞かせよう。…「売薬業」・「合図」・「当初」・「とうじ」

4　堀内敬三『日本唱歌集』…みんなで楽しく歌おう。…「あおげばとうとし」・「はぐくみそだてし」・「一心不乱」・「逆手」

5　唐津の「かんねどん」、大分の「吉四六さん」、熊本県八代の「彦一ばなし（木下順二氏「彦市」）」など各地の人気者を調べて紹介しよう。…「こすか」・「かたる」・「なごう」・「庄屋」・「はやしたてる」

6『ちびくろサンボ』…どうして絶版になったのだろう。パリエット・ピーチャー・ストウ『アンクルトムの小屋』とも重ねて考えてみよう。…「区別」・「差別」・「交友」・「正当な理由」・「ちび」

7　ルイス・キャロル『不思議の国のアリス』白うさぎは、別の世界への道を教えてくれる。なぜだろう。…「不思議」・「不可解」・「不可思議」・「無理解」・「奇怪」・「解釈」

②

中学年（3・4学年）

8　秋田の「なまはげ」など、全国各地の年中行事をなるべく詳しく調べて発表しよう。…「鬼面」・「蓑」・「なもみ」・「祝言」

9　佐賀の七賢人のように、全国各地に実在した人を調べて、その人の業績を伝記にしてみよう。…「傑出」・「治者」・「治世」・「社会変革」・「処世訓」・「箴言」（長野県上田にも七賢人あり）
10　ごんどう　ちあき『飛べ！、赤い翼』小峰書店…実際にその土地であったことを、主人公や土地の人たちの姿をドラマにして発表しよう。…「密林」・「操縦席」・「手記」・「国粋主義」・「棒立ち」
11　中沢啓治『はだしのゲン』（深沢一夫児童文学版）汐文社…ゲンの主張を意見文にしよう。…「留置」・「鬼軍曹」・「原子爆弾」・「閃光」・「非国民」・「衝撃」・「終身刑」・「正当防衛」
12　キリシタン遺構について調べよう。…広用紙を使って発表しよう。・「信教」・「献身」・「隠れキリシタン」
13　モンゴメリ『アンの幸福』…どんな毎日だろう。…「所持品」・「二伸」・「旧家」・「真夜中」・「険悪」・「署名」・「頑固」・「皇族」
14　エドモンド・アミーチス『愛の学校』…私たち小学4年生で較べてみよう。…「世情」・「統一」・「祖国」・「称揚」

③

高学年（5・6学年）

15　オリバー・スイフト『ガリバー旅行記』…分担して彼がどんな冒険をするか紹介し、何をこの物語は私たちに言いたいのか話し合おう。…「紀行」・「風刺」・「傑作」・「大きい人間」
16　シェイクスピア『ジュリアスシーザー』…「ブルータス、お前もか」は誰が誰にどんな時に言った言葉か。友人を選んで、その人の意外性に驚いたあなたの気持ちを、場面が分かるように描いて、大声で叫んでみよう。
17　サンテグジュペリ『星の王子さま』…バラの花をめぐって王子様とキツネの意見が分かれる。どのように分かれたのかあらすじを紹介しながらみんなに語ってみよう。…「原始林」・「肖像」・「砂漠」・「覆いガラス」・「実業家」・「街灯」・「飼いならす」・「時刻」・「秘密」・「一輪」・「口輪」
18　二人の手紙のやり取りが、『?』と『!』である。誰と誰のどんな意味のやりとりか話し合ってみよう。友人と打ち合わせて、記号だけで手紙のやり取りをしてみよう。別の友人に読み取ってもらおう。

19　アンデルセン『絵のない絵本』…絵にしたい作品を選んで、絵とのつながりを描いてみよう。クラスの友人と、その絵にしたわけを話し合ってみよう。…「輪郭」・「生垣」・「履物」・「桟敷」
20　コッローディ「ピノッキオ」…「いたずら」・「冒険」・「正直」・「嘘つき」・「人間」
21　手塚治虫「鉄腕アトム」とアシモフのロボット3原則とは現在のロボットがどう違っているか。
22　ピアス『悪魔の辞典』は、普通の辞典とどうちがっているか。…あなたも、自分独自の辞典をつくってみよう。どれだけ、独自の辞典ができるかを較べてみよう。
23　赤瀬川原平『新明解国語辞典』が他の辞典とちがっているところはどこか。…あなたも常識破りの独特辞典を作って、批評してもらおう。

※元号について調べよう。「難陳」（なんちん）と「討議」とはどう違うか。
※紙幣（お金・日本銀行券）の変化。一万円札は渋沢栄一に、五千円札は津田梅子に、千円札は北里柴三郎に、千円札の裏側が葛飾北斎の浮世絵になった。選ばれた理由をみんなで調べて発表しよう。

（白石　壽文）

ルソー（思想家）の誕生日

生きるとは
呼吸することではない
行動することだ

二章　担任の書く愉しみへの誘い

担任は、児童の一番身近な憧れです。担任に出会ったことで一生の職業を決める児童もいます。出会いのきっかけとなる大切な人です。担任に褒めてもらう。認めてもらうことは児童にとって無上の喜びです。担任からの「すぐ『書く』が好きになりますよ。」「すらすら書けますよ」という魔法の言葉は、児童の意欲に火をつけ、「ぼくも書ける」と達成感や自信につながります。

では、いかに誘うのか、何をどうやって誘うのか。単元の見通しの示し方、ヒントの与え方などの細かい手立てが必要です。

「はい。遠足について書きましょう」

という指示では、児童は何を［材料］何のために［目的］どうやって［要素・構成など］そして書いたものが相手や目的に相応しいのか［評価］がわからずに迷うばかり、書きだすことができません。

本著では、「いかに誘うか」の中でも特に例文（モデル文）に焦点をあてています。

児童がさまよわないように、書くときの道しるべを示します。どのタイミングでどの程度のどんな内容の道しるべがよいのか。

「先生も遠足について書いてきました。」

「おお」と言う声があがります。先生は楽しかった遠足のどこを切り取り、どんな言葉を使っているのか、だれの会話が選ばれるのか。まず、どんな題だろう。

児童の想像はひろがります。「よし、同じ場面を書く」「いや違う場面」「もっと会話を増やそう」「もっと音言葉を使って遠足に来れなかった○君もわくわくするように書くぞ」

書く途中でもヒントの例文は効果的です。途中で鉛筆が止まったときのために、コーナーを設けたり、個別に例文を示したりすることで道に迷わず愉しんで書き進むことができます。

（権藤　順子）

1　愉しみを支える誘い

一　児童と教師の姿

1　児童の姿

児童が、家庭学習として日記を書くことが少なくなった。「一言日記」や「三行日記」等の手軽な取組は散見されるが、書き慣れる経験が足りない。国語科の「書くこと」教材では、「どう書いていいか分からない。」といったつぶやきを聞く。作文を愉しんでいない児童が増えている。新たな文種や文体に挑むとき、書く見通しや完成形をイメージできないことが原因だと思われる。教師自作の例文を提示することで、児童の書く愉しみを支えたい。

2　教師の姿

児童の学力向上が各校の喫緊の課題となっている昨今、朝の帯の時間が、計算練習や漢字の練習等、基礎・基本のスキルアップに充てられている。書く力を高め、書く愉しみを味わう経験が後回しにされている。個人情報保護の観点から作品を持ち帰りにくいとか、働き方改革のために学校に残っての朱入れが難しいなど、児童の書く力を伸ばす地道な努力ができにくい状況でもある。だからこそ、従前に増して国語科の「書くこと」の授業の充実が必須である。授業に際し、教師が例文を書くことで、教材研究が深まり、指導の見通しが見えてくる。また、作品を書き上げた達成感をもって、書く愉しみを児童に伝えることができる。目の前の児童の実態に応じた例文を提示することは、作文教育のユニバーサルデザイン化と言える。

二　愉しみを支える授業づくり

1　目標

新しい文種や文体に親しみ、進んで表現の幅を広げようとする児童を育てる。

2　計画

（1）どんな力を付けたいかを明らかにする。

（2）付けたい力に応じた例文を用意する。

①　自作の例文を提示する。

教科書の例文を使うと、学級や個人の実態に合わない場合がある。そこで、教師作成の例文で新しい文種や文体に出会わせる。児童の実態に応じて、意図のある例文にする。例えば、苦手な文種や文体について、見通しを持って愉しんで書かせるために、とか、初めて出会う表現、構成、文体をイメージさせるために、とか、得意な表現をさらに磨かせるために、など。そうすることで、言葉の使い方や段落の構成、表現の工夫などを学び、授業で「書いてみたい。」という意欲と見通しを持つことができる。

②　教科書や書籍等からアンソロジーを編み、その中から提示する。

（3）鑑賞する場を設定し、自分や友達の伸びを感じさせる。

3　実践

担任の取組　○「五七五のことばあそびをたのしもう」（一年）、○「まとまりに分けて書くお話作り」（二年）、○「例を挙げて説明する力を育てる」（三年）

担任外の取組　○「掲示板を活用した詩や俳句の実践」（全校）、○「親子で愉しむ詩づくり」（家庭）

4　発展と活用

授業においては、対象となる児童の書く力や生活に寄り添い、例文を吟味してきた。書く愉しみは、これまで書き慣れた経験と、「こんな文章を書きたい。」という願いから生まれる。具体的な見通しが必須である。今後は、国語科の授業以外でも書く活動を支えたい。各教科等の書く活動の指導において、また、日記等の作文の手引等で、児童の実態に即した例文を提示していきたい。

（本村　一浩）

①　五七五のことば遊びを愉しもう

一　帯単元　はいくを　つくろう（一年）

俳句は、すばらしい日本伝統の文芸である。低学年の頃から我が国の言語文化のひとつである俳句に親しむ機会をつくり、入門期のことば遊びとして愉しめることを願い、六月から毎週一句俳句を音読してきた。季語は児童が興味をもっている動植物や食べ物を選び、感想を出し合った。なお、この帯単元で初めて五七五のことば遊びとしての句作を愉しんだ。

二　児童の実態

本学級の児童は、平仮名学習の時、頭文字から始まることば集めをしてきた。児童はそのことに興味をもち、言葉を増やしてきた。また、主語と述語の短文作りや助詞「は」「へ」「を」を正しく使うという言葉の特徴やきまりも学んできた。一年生の「書くこと」では、単元「おおきくなった」（光村図書）が初めての出会いとなる。ここでは、あさがおを題材に観察の観点（色・形・大きさ・高さ・太さ・重さ・触った感じ・におい・数等）に沿って適切な言葉で記録する。その後、観点を生かして五七五のリズムや語感を愉しみながら俳句づくりに取り組ませる計画である。

A児は、毎日欠かさずあさがおの世話をし、その変化に関心が高く、学習に意欲的である。しかし、文を書く時、何度も書き直すため時間がかかる。

B児は、書字や視写に支援が必要で、あさがおの様子を伝えることが苦手なため、教師と対話をしながら観察の観点を書いた。

三 目標

一次の「おおきくなった」では、題材に必要な観点（色・形・大きさ・高さ・太さ・重さ・触った感じ・におい・数等）を選び観察記録に書き、それに基づいて五七五のリズムで俳句にすることができる。

二、三次以降の帯単元では、五七五のリズムを用いて季節ごとに俳句づくりを続ける。

四 指導の実際

1 学習過程

次	学習活動
一	「おおきくなった」（六月） ・観点に沿ってあさがおを観察し、気付いたことを友達に話す。（①時） ・観点を選んであさがおの様子を書く。（②時） ・観点を参考に五七五のリズムで俳句をつくる。（③時）本時
二	「なつやすみ」（七月） ・小学生以前の夏休みの思い出やこれからの夏休みへの期待を五七五のリズムで俳句をつくる。（①時）
三	「うんどうかい」（十月） ・運動会で心に残ったことを思い出して、俳句をつくる。（①時）

2　本時の展開「おおきくなった」（③時）

学習活動	教師の働きかけ
一　本時のめあてをつかむ。	○教師作成の俳句を示し、あさがおの観察文をもとに俳句をつくることを知らせる。
あさがおのようすを　はいくにしよう。	
二　俳句のきまりを知らせ、あさがおのつるの観点を取り入れていることに気付く。	○教師作成の俳句をもとに、次のことを提示する。 ・音は、五七五で区切って言葉を使う。 ・促音「つ」は、一音になる。 ・観察の観点を取り入れる。 （色・形・大きさ・高さ・太さ・重さ・触った感じ・におい・数等）
三　あさがおの俳句をつくる。	○音数と言葉の区切りが分かるように五七五のマスを準備する。
四　作った俳句を友達に紹介する。	○交流を通して、自分が使った言葉と違う使い方をしていることに気付かせ、俳句づくりへの興味をもたせる。

3　例句の位置付け・意図

初めての俳句への出会いとして、「おもしろそうだ」「やってみたい」という興味をもたせることに努める。そのために、季節や行事のことば集めをし、児童に身近な事柄を季語に選ばせた。

(1)「あさがお」を使った例句

あさがおの　つるはくねくね　へびさんだ

つるの形の観点に「へびみたい」という表現が児童の実態からよく見られた。

あさがおの　つるがとなりに　こんにちは

児童は、つるが隣の友達の植木鉢まで勢い良く伸びていることに驚いたりおもしろがったりして話していたことを表現した。あさがおの季語は秋であることは、児童に知らせているうえで、あさがおの世話をしている児童の姿や単元「おおきくなった」の時期を考え、学習を進めた。

(2)「なつやすみ」を使った例句

なつやすみ　はやくこいこい　まってるよ

なつやすみ　らじおたいそう　はやおきだ

もうすぐ夏休み、児童は夏休みへの期待を楽しそうに話していた。夏休みから連想した言葉や歌詞に出てくるフレーズを引用した。

(3)「うんどうかい」を使った例句

バンとなり　ゴールめざして　うんどうかい

うんどうかい　こえをからして　おうえんだ

運動会は秋の季語である。児童の日記に書かれていた内容で多かった応援や徒競走を表した。児童が会話の中で使っていたピストルの擬音も俳句に取り入れた。

4　児童の作品

	A児	B児
あさがお	あさがおの　つるがのびてた　こんにちは （つる） 観点　高さ～わたしのむねぐらい 　　　色　～きみどりいろ 　　　形　～へびみたい ・二句の例句の言葉「あさがおの」「つるが」「こんにちは」を使いながら、つくっていた。	あさがおに　さいてよかった　はなします （はな） 観点　数～いっこさいた ・俳句をつくる日に花が咲いたので、花の観点で書きたいことは決めたが、書き始めに時間がかかった。教師が思ったことを質問すると、「咲いてよかった。」と話したことを書いていた。
なつやすみ	なつやすみ　なにであそぶか　かんがえた ・夏休みにやりたいこと　「プール・海水浴・お出かけ・ラジオ体操」のことば集めをしていた。 ・一つに決められず、迷ったことを書いていた。「楽しみがいろいろあっていいね。」と声をかけた。	なつやすみ　むしかごかうよ　よかったよ ・すぐに一人で俳句をつくることができた。「早く書いたね。」と声をかけると、明日、虫かごを買ってもらうとのこと。B児から進んで話すことはまれであるが、「なつやすみ」の季語や書き出しはイメージしやすかったようである。
うんどうかい	たまいれの　かごをねらって　うんどうかい かけっこで　いちいめざして　うんどうかい どきどきと　だんすでぽうず　うんどうかい ・日記では、ダンスを題材に運動会にたくさんの観客がいて緊張したことを書いていた。 ・玉入れのことば集めでは「上を見て」「ねらって」「下から上に投げた」を書き、例句の「めざして」を取り入れた。	たまいれの　かごをまっすぐ　にらんだよ ・運動会で心に残ったことは、玉入れで一位になったことを話した。例句の季語を入れることは、難しそうだったので、「たまいれ」から書き始めることを助言した。 ・学級で「見る」のことば集めをした中の「にらむ」を選んでいた。友達の考えを聞き、活用するようになってきた。

5 鑑賞する場の設定

俳句をつくった児童から友達と読み合う場を設けた。読み合いの視点として、五七五のリズムや季語があること、ことば集めから取り入れているか、俳句に好きな言葉があるかを見つけ、友達と伝え合った。その後、教師が全児童の俳句を読み、教室に掲示した。掲示することで、友達が使っていた言葉を活用して俳句をつくったり、授業以外でも進んで俳句をつくったりする児童も見られた。

五 考察と日常化

児童は、季語やお気に入りの言葉を見つけ五七五を数えながら句作を愉しんでいた。今後の帯単元では、「新年」「冬」「春」と継続していきたい。私は、季節に目を向け観察し、会話や文章の言葉を句作に生かせないかと意識しながら一日一句作に取り組んでいる。時折、学級やクラブの児童、趣味の仲間と鑑賞会を行い、書く愉しみを味わっている。

（中尾　宰子）

②　まとまりに分けて書くお話づくり

一　単元名

まとまりに分けて、お話を書こう

「お話のさくしゃになろう」（光村図書　二年下）

二　児童の実態

本学級の児童は、作文に苦手意識がある児童が数人いるが、作文の時間に書けなくて困っている児童はいない。作文を書く際には、構成の意識はなく、思いつくままに書いている。次の作品は、バス旅行の思い出として書かせたものである。

A児　十月十一日木曜日にバスりょこうに行きました。一つ目は、ヤマコ九しゅうに行きました。のりの工場が日本には何かしょあるかどうか教えてもらいました。二つ目は、野中かまぼこに行きました。わたしたちは、みんなでちくわとそうめんをつくりました。三つ目は、森林こうえんに行きました。森林こうえんでおべんとうをたべたり、ゆうぐであそんだりしました。おべんとうは、とてもおいしくてたまりませんでした。ゆうぐは、ずっとうんていのれんしゅうをしました。ぬるぬるしていたのでやりにくかったです。バスりょこうはとてもたのしかったです。またいけるといいなぁとおもいました。

B児　今日は、バスりょこうに行きました。ごはんとおかしがおいしかったです。そうめんとちくわを作りました。ゆうぐでおにごっこをしました。とてもたのしかったです。

A児は作文が得意で、いつも出来事を起きた順に詳しく書き、感想を付け加えている。B児は思いつくままに書くので、いろいろな話が出てきてまとまりに欠ける。

本単元では、特にB児のような児童が、「初め」「中」「終わり」という話のまとまりを意識できるように、児童が考える時間には常に例文を準備し、実際の文章を使って話の設定や展開などを考えさせた。教師作成の例文を参考にしながら書くことで、まとまりに分けるなど、構成意識をもって書くことができればと考えて取り組んだ。

三 目標

◎ 絵を見て想像したことから書くことを決め、「初め」「中」「終わり」のまとまりのある短い物語を書くことができる。

○ 物語を読み合い、感想を交流することができる。

・ 書いた物語を読み返して、誤字・脱字を直したり、句読点、助詞、かぎの使い方を正したりすることができる。

四 指導の実際

次	学習活動
一	・教師の紙芝居を見て、お話づくりに興味をもつ。（①時）
二	・お話の設定を考える。（②時） ・どんな事件が起こるのか、簡単に考える。（③時） ・例文を基に、話のつながりについて知る。（④時） **・「初め」「中」「終わり」の話を書き、挿絵も描く。**（⑤⑥⑦⑧時）

二	・題名を考え、声に出して読み返しながら推敲する。（⑨時）
三	・鑑賞し合い、感想を書く。（⑩時）

五　本時の展開（例文と作品例）

【教師作成例文】

　あるところに、ぴこたんという男の子の虫がいました。ぴこたんはキャベツが大すきで、いつも朝おきると、キャベツばたけに行ってキャベツをたべます。

　ある日ぴこたんは、天気がよかったので、大すきなキャベツをたべにキャベツばたけに行くことにしました。キャベツばたけでキャベツをたべていると、ちかくに大きなヘビがいることに気づきました。ヘビに見つからないようににげようとしたそのとき、ヘビがぴこたんに気づいて、大きな口をあけておいかけてきました。びっくりしたぴこたんは、

「きゃー、たすけて！」

と、さけんで、大いそぎで家まではしりました。

　やっと、家にかえることができました。大いそぎではしったぴこたんは、もうクタクタです。おふろに入って、朝までぐっすりねむりました。

【例文作成の留意点】

・話の先を楽しみにワクワクしながら読めるような例文にする。
・安心感のある結末にする。

【手立て】

・実際の授業では、「初め」「中」「終わり」に分けて提示した。
・教科書には、「初め」と「終わり」の例のみ載っていたが、「中」の例文も提示することで、低位の児童でも話のまとまりを意識しやすいようにした。
・「中」の例文は、上の例文の他に、

「ある日ぴこたんは、なかよしのぺこたんといっしょにあそびました。おにごっこやかくれんぼをして、とてもたのしい一日をすごしました。」

という例文も提示し、この例文だと、「やっと、家に帰ることができました。」にはつながらないことを確認し、どうしてつながらないのか、どうすればつながるのかを考えさせた。

・「中」の出来事の例として、教科書に載っている三つの例を参考にしてもよいことをにした。（①人間に出会って、ポケットに入れられる。②まほうの石をみつける。③すべって池に落ちる。）

【児童の作品】

五時目は、まず「初め」「中」「終わり」に分けてお話を書かせ、その後お話に合った挿絵を描かせた。A児は五時目、すぐに書き始めた。思いつくことをどんどん書き進めていったので、枠を超えて書いていた。一方でB児は、例文を参考にしながら忠実に書き進めていた。文を書き終えた後も、文を忠実に挿絵にも表そうとしていた。

〈A児〉

あるところに、アリスという名前の女の子の虫がいました。アリスは、人なつっこくて、くだものが大すきです。くだものの中でもいちごが大すきです。

ある日アリスは、お昼ごはんを食べて外に出ると、まほうの石をもっている人がいました。アリスはおいかけていると、くまがやってきたので、いっしょにおいかけました。するとまほうの石をもっている人に気づかれて、おいかけられました。そしてアリスはつかまれてポケットに入れられてしまいました。アリスは、

「うひゃー」

と言うと、いっしょにいたくまがたすけてくれました。帰り道、道にまよっていると、アリスの友だちがきて、道を教えてくれました。

アリスはやっと家に帰ることができました。アリスは夜ごはんを食べて、朝までぐっすりねむりました。

〈B児〉

あるところに、ゴンという虫がいました。ゴンは九さいで、アーモンドとチョコレートケーキとお絵かきが大すきです。

ある日ゴンは、おかしの家をみつけました。おかしの家をみつけたゴンは、

「どんな家だろう。」

と言っておかしの家に入ってみました。すると、まじょがいました。まじょに見つかったので、おかしの家を出ました。そしてにげていると、お絵かきじまをみつけました。お絵かきじまに入ると、ノートやクレヨンがありました。ゴンはお絵かきをして、しまを出ました。

そして、家に帰りました。ゴンはつかれたので、朝までぐっすりねむりました。

【鑑賞】

十時目は、できあがった作品を友達と互いに読み合い、感想を書き合う時間にした。そのポイントとして、「誰が何をしたか分かりやすいか」「話のまとまり」「おもしろかったところ」の三つを提示した。感想は付箋に書いて、「がんばったねカード」として相手に渡すようにした。受け取った付箋は、作品の最後に貼らせた。B児も、友達の作品を楽しそうに読んでおり、左のようなやりとりをした。

> ○○さんへ
> お話が三つに分かれていて、なかみが分かりやすかったです。ヘビにみつからないところがおもしろかったです。
> B児より

> ○○さんへ
> お話のなかみがくわしく書けていておもしろかったです。ぼくの話とちょっとにていました。
> B児より

> B児へ
> 文しょうが長くて、くわしくて、すごいなとおもいました。お絵かきじまに行ってみたいです。
> ○○○より

> B児へ
> 絵がきれいにかけていて、すごいなとおもいました。まじょがいてびっくりしました。
> ○○○より

B児が書いた感想の中に、「お話が三つに分かれていて、なかみが分かりやすかった」とある。例文を提示し、話のまとまりを意識して書かせたことで、友達の作品を読むときにも、話のまとまりを意識することができていた。また、B児へのコメントを見ると、お話に合った挿絵も描くことができていたことが分かる。B児は友達からの「がんばったねカード」を嬉しそうな表情で読んでいた。

六 考察と日常化

○ 例文を参考にする手立ては、A児のように作文が得意な児童はもちろん、特にB児のように得意ではない児童にとって有効な手立てだった。

○ 「初め」「中」「終わり」の例文を提示したことで、話のまとまりを意識することができていた。特に、B児のように作文が得意ではない児童にとっても、安心して活動に取り組むことができた。

・この「初め」「中」「終わり」については、この後宿題などで三文日記を書かせたり、生活作文を書かせたりするときに意識させている。また、この構成を忘れないように学習したことを例文に書き込み、教室に掲示している。

・今回の児童の作品は、朝の読書タイムで読んだり、教室の本棚に置いたりし、いつでも読んで感想が書ける環境をつくっている。

・今回提示した例文は、B児のように作文が得意ではない児童にとっては、話のまとまりを意識して書き進めることができたのでよかった。その都度例文に戻り、物語の展開を再確認することが大切であった。一方、A児のように作文が得意な児童の中には、まとまりを意識し、続きを書こうとしたり、例文ではないほかの終わり方で終わったりする児童もいた。今後は書ける児童も存分に愉しめるように、家に帰らなかったり、新たな冒険に出かけたりするなど、結末の自由度を上げて書かせたい。

・児童が愉しめるように例文をいくつも考えるうちに、教師自身も愉しんで書くことができるようになった。今後は物語だけでなく、他の文種でも例文を作成するなど愉しんで例文を書いていきたい。

（辻田　綾奈）

③　例を挙げて説明する力を育てる

一　単元名

食べ物のひみつブックを作ろう（光村図書　三年　「すがたをかえる大豆」「食べ物のひみつを教えます」）

二　児童の実態

本学級の児童の多くは、「書くこと」を苦手としている。これまでに、体験したことを「まず」「次に」「それから」「最後に」などの順序を表すことばを使って書いたり、調べたことを報告文に書いたりする学習をしてきた。愉しんで取材をすることはできるが、調べたことを読み手に分かりやすく文章化することは難しく、資料を書き写すだけで終わってしまう児童が多い。また、資料に書かれている内容をよく理解せずに文章化したため、読み手にとって分かりにくい文章になってしまうこともあった。

四月からは、テーマに合わせて百五十字程度の日記を書いて、書くことに慣れながら、国語辞典や「感想のことば一覧」を活用し、ことばを増やしているところである。

A児は、学級の中では、書く力が高い方である。国語科の書く学習や日々の日記へも真面目に取り組んでいる。しかし、日記は、事実が出来事の順を追って書かれていることが多く、表現の工夫もあまり見られない。

> A児（日記　「ばんごはん」）
>
> 昨日のばんごはんは、カレーでした。わたしはお母さんが作ってくれる料理のなかで、カレーが一番すきです。学校のカレーもおいしいけれど、お母さんが作ってくれるカレーのほうが好きです。妹もカレーが好きです。子ども用はあま口で、大人用はから口です。昨日は、妹といっしょにお手伝いをしました。

三　目標

資料を読み取り、それをもとに、構成や段落相互の関係に注意しながら、例を挙げて説明する文章を書くことができる。

四　指導の実際

本単元は、説明文「すがたをかえる大豆」を読んで、分かりやすい説明の仕方の工夫を学び、その書き方を生かして、「食べ物のひみつブック」を書いていく。児童にとって、例を挙げて説明する文章を書くのは、初めてであることから、取材・構成・叙述の各過程で教師作成の例文を活用し、何をどのように書いていくのかを具体的に捉えさせた。また、交流活動「友達タイム」を設定し、学習の進め方を理解させ、表現を工夫する手立てとした。

【学習計画】

次	学習活動
一	・食べ物の変身クイズに答え、学習に興味をもつ。「すがたをかえる大豆」を読む。（①時） ・学習課題を決め、「食べ物のひみつ教えます」を読んで学習の見通しをもつ。関連図書を読み始める。（②時）
二	・「すがたをかえる大豆」を読み、説明の工夫をまとめる。（③④⑤⑥時）
三	・自分が説明したい食材を決め、文章構成を考える。（⑦時） ・教師作成の例文を読み、文章構成を考える（⑧時） ・「はじめ」「中」「終わり」を書いて、小集団で見せ合い見直す。（⑨⑩⑪時） ・清書する。（⑫時） ・鑑賞会を行う（⑬時）

五　例文と作品例

【教師作成例文】

すがたをかえる米

わたしたちの毎日の食事で、多くの人が毎日のように口にしているものがあります。何だか分かりますか。それは、米です。米は、いろいろな食品にすがたをかえて食べられているのです。おいしく食べるためにどんなくふうがされているのでしょうか。

まず、粉にひいて食べるくふうがあります。その粉をよくねって、きじを作ります。その後、きじはうすくのばし、せんべいの形にして、よくかんそうさせます。しょう油をぬってじっくりやきあげると、パリパリしたこうばしいせんべいになります。一まい食べるとやめられなくなりますよ。

次に、つぶして食べるくふうがあります。げんまいのまま、むしてつぶします。それを、フレーク状にしてオーブンでやきます。こうやってできるのが、えいようたっぷりの玄米フレークです。手軽に食べることができるので、朝食にぴったりです。

さらに、はっこうさせて食べるくふうもあります。米から日本酒ができるなんて、みなさん知っていましたか。むした米に米こうじとこうぼをくわえます。それをろかし、酒と酒かすにわけます。こうやってできるのが日本酒です。作り方をかえると、米しょうちゅうやあま酒になります。

このように、米は、いろいろなすがたで食べられています。米は、日本各地の田んぼで作られてきたので、多くの食べ方がくふうされてきたのです。たくさんのすがたにへんしんする米のすばらしさに感心させられます。

1　例文の意図

・「はじめ」「中」「終わり」の文章構成をはっきりさせる。
・書き出しを工夫する。
・「まず」「次に」「さらに」「このように」のつなぎことばを使う。段落の最初においしく食べる工夫を書く。
・知っているものから知らないものの順序で、例を挙げる。
・「粉にひく」「むしてつぶす」などの「料理のことば」を使う。
・「パリパリ」「えいようたっぷり」などの、おいしさや食べ物の特徴を表す「なるほどことば」を使う。

傍線　引用者

【児童作品】

A児　　いろいろな食品にすがたをかえる牛乳

みなさん、牛乳を飲んでいますか。その牛乳はそのまま飲むだけでなく、毎日の生活の中で、びっくりするくらい多く口にしている食品にすがたをかえて出てきます。おいしく食べるためにどんなくふうがされているのでしょうか。みなさんが知っている工夫は、あるでしょうか。

まず、につめる工夫があります。牛乳から作ったクリームや練乳にさとうを加えて、かきまぜながらにつめます。少し固まったら生地を取り出して、ひやします。同じ大きさに切り分けるとキャラメルができあがります。なんと、キャラメルは、家でも作れます。

次に、こおらせて食べる工夫があります。牛乳、さとう、たまごなどをまぜ合わせさっきんします。温度を下げて、しばらくねかせます。その後、こおらせるとアイスクリームになります。口に入れるとふわっととけて、あまい味が口に広がります。

さらに、はっこうさせる工夫があります。生乳の成分をどれも同じにして、さっきんします。その後、にゅうさんきんをくわえて四か月から六か月間発こうさせると、これだけでナチュラルチーズができます。また、加熱をしてせいけいすると、プロセスチーズができます。やくととろりととけて、パンにも合いますよ。

このように、牛乳は、いろいろなすがたで食べられています。こんなに工夫されてきたのは、えいようがほうふでおいしいからです。そのままでは、すぐくさってしまう牛乳を長もちさせてきた昔の人たちの考えのすばらしさに感動させられます。

2　例文の効果

例文作成の意図で挙げたことが生かされた文章になった。読み手への問いかける書き出しをし、「につめる」という複合語や「ふわっと」「とろりと」という副詞を使うことができた。

3　鑑賞

叙述の途中に設けた「友達タイム」では、書く内容や方法を再認識したり、ヒントをもらったりすることができ、その後、安心して書き進めることができていた。

鑑賞会では、友達の作品を愉しんで読む姿が見られた。また、表現の工夫や説明の工夫などのよさを見つけ、伝え合うことができた。

傍線　引用者

六　児童の変容

A児（日記　「好きな食べ物」）
なんといっても、カレーです。学校やお店のじゃなくて、お母さんが作ってくれたものが最高です。カレーのにおいがしてくるとおなかが鳴りそうになります。ほくほくしたじゃがいもとやわらかくなったお肉が口の中に入ると、ほっぺたが落ちそうになります。先生が好きな食べ物は何ですか。

A児（作文単元　「わたしの三大ニュース」）
勝ったぞ
一つ目は、台風の目（ちびっ子ハリケーン）で勝てたことです。それは、昼休みにみんなで、ひみつのとっくんをしたからじゃないかなあと思います。毎日つみ重ねて、これが「ちりもつもれば山となる」だと思ってうれしかったです。練習のとき、いつも二組に負けてくやしかったけれど、本番で勝てて、「きせき」じゃないかと思うぐらいうれしかったです。
完売だ
二つ目は、納豆はんばいで見事に完売したことです。みんなでいっしょうけんめいに声をかけ合ってがんばりました。「いらっしゃいませ。」「えいようたっぷりの納豆ですよ。」「ありがとうございます。」みんな、あせが出るくらい大声で言っていました。わたしも負けないようにがんばりました。終わった後は、のどがからからで「つかれた。」と思いました。（略）

単元終了後、A児の日記には、「なんといっても」という強調や「ほくほく」という副詞が使われるようになった。また、「ほっぺたが落ちそう」など、表現の工夫がみられるようになり、生き生きとした文章を書くことができるようになった。

三学期の作文単元は、一段落一項目で書くことができていた。新聞形式で書いたため、字数制限がある中、事実を並べただけでなく、A児の気持ちがよく伝わる文章となった。「ちりもつもれば山となる」と、ことわざを引用したり「あせが出るくらい」と、比喩を使ったりするなど、学習してきた技を生かして、書くことができたと思われる。「つみ重ねる」と複合語を使うこともできた。

A児は、使うことばが増え、読み手を意識して書くことができるようになり、文章を愉しんで書く姿が見られるようになった。

傍線　引用者

七　考察と日常化

○　教科書掲載の例文は、事実のみが簡単に書かれているだけで物足りなさを感じたため、教師作成の例文を使って学習を進めた。学習のめあてと児童の実態に応じた例文の作成は難しかったが、児童の気持ちになって取材をしたり、表現を工夫したりしながら、愉しく書くことができた。また、児童のつまずきが予想でき、授業中に指導すべきポイント等を具体的にイメージすることができたことも有効であった。

○「すがたをかえる大豆」でまとめた「説明のコツ」を使って「食べ物のひみつブック」を書いた。一時間の授業で使わせたい「コツ」を絞ったことで、学習のめあてが達成できたかどうかの確認が、教師も児童自身もよくできた。

○「料理のことば」「なるほどことば」は、日々の生活や日記などで児童が使ったものを紹介し掲示した。取材メモを文章化する際、掲示物を参考にしている児童が多く効果的であった。学習後も、掲示物に書き込んでことばを増やしたり、日記に使ったりする児童の姿が見られた。

○　これまで叙述後に設定していた「友達タイム」（交流活動）を叙述の途中に設けたことは、書く内容や方法を再確認したり、ヒントをもらったり、このまま書き進めてよいのだという安心感につながったりして効果的であった。

●　児童が選んだ食材について取材をし、取材メモに整理させた。本や資料に書いてあることを簡潔にメモすることは難しく、取材メモの形式や、書かせ方に工夫が必要である。

・　構成や段落相互の関係に注意しながら、例を挙げて説明する文章を書く力を高めた児童と、四年生では、新聞やリーフレットにまとめる学習に取り組んでいくつもりである。

（今泉　幸子）

【説明のコツ】
・一つの段落に一つの工夫を書く。
・例を挙げる順番を工夫する。
・段落の最初につなぎことばを使う。
・おいしさを表現したり強調したりすることばを使う。

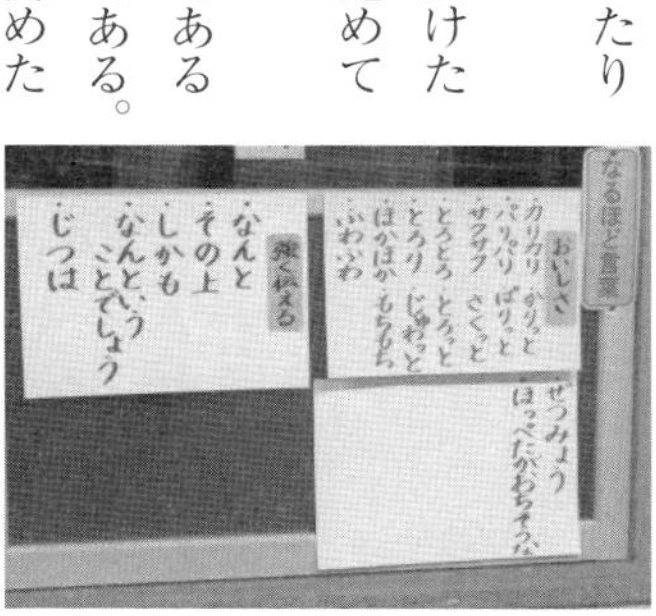

【なるほどことば】

2　愉しみを広げる誘い

一　児童と教師の姿

1　児童の姿

「書くこと」単元において児童は、生活文、創作文、意見文、報告書、詩など、様々な文種を学習する。しかし、学習した後に児童が習得した書き方をいかして、自ら進んで自分の思いを書き表す姿は、少ない。

また、教科書の例文だけでは、児童が習得できる表現の工夫は限られており、児童が「書いてみたい」「書けそう」と十分に意欲を高めることができない。児童の書く愉しみを広げ、例示のような言葉が児童から聞こえることを願い、教師の例文を学習過程に効果的に位置づけていきたい。


「気持ちを伝えるためにこんな言葉を使ってみました。」

「昨日の日記は、母を主人公に物語風に書いてみました。」

「みんなで言葉を出し合って、学級の詩を作ってみたいです。」

「自己紹介のために私の取扱説明書を書いたので読んでください。」

「運動会の思い出を詩と短歌で表してみました。」

2　教師の姿

私たちは、「書くこと」単元に出会ったときに、常に「教師が書く」ことから、授業づくりを行っている。題材集めや言葉を広げる連想メモ、構成メモ、完成した文、時には未完成の文など、子どもたちに気付かせたいこと、考えさせたいことに応じて様々な例文を書いている。教師が書くことで、子どもたちのつまずきを予測し、手立てを考えることができる。授業で子どもたちが教師の例文を目にしたとき「書き方が分かった！」「ここが上手！」「私も書きたい！」と目を輝かせた姿を一度見ると、例文を書くことは全く苦にならず、「愉しみ」として、書くことができる。その例文は、子どもたちの実態に応じた一番の優れた教材である。

二　愉しみを広げる授業づくり

1　目的

教科書の「書くこと」単元において、教師が例文を作成し提示することにより、児童が書くことを愉しみ、単元の中だけでなく、他の単元や学校行事、家庭学習においても愉しみを広げていこうとする児童を育む。

2　計画

①　単元において、目標（児童に身に付けさせたい力）を設定する。
②　児童に習得させたい技法や気付かせたい表現の工夫を意識した例文を作成する。
③　例文を単元の学習計画の中に位置づける。
④　他単元や学校行事等において、児童が習得した技法や表現の工夫をいかして書く場面を設定する。

3　実践（単元名）

第一学年　いいことといっぱい。一年生思い出カードをつくろう（生活文）
第三学年　組み立てに沿って、M小学校のぼうけん物語を書こう（創作文）
第四学年　考えを文章で正しく伝えたい（意見文）
第五学年　一つの言葉から（詩）

他にも、第Ⅲ章（188ページ）において、担任外の教師が実践した第四学年新聞づくり、全校児童生徒への玄関黒板を使った取組、特別支援学級第五学年児童に書くことへの興味関心をもたせるための取組を紹介している。

4　発展・活用

教師が意識して、児童の書く愉しみを広げる場（日常活動の中に児童たちが力を発揮する状況）を作り出すことで、活用する力を次第に身に付けることができ、「書きたいことを書きたいように書ける」姿に近づくことができる。

（今泉　博枝）

①　第一学年　必要な事柄を集め、つながりのある文章を書く学習指導

一　単元名
いいこと　いっぱい。一年生思い出カードをつくろう　「いいこと　いっぱい、一年生」（光村図書一年下）

二　児童の実態
児童はこれまで文の決まりを学習しながら、主語と述語のある簡単な文を書いたり、見たものをよく観察して文章に表したりする学習をしてきている。しかし、伝えたいことを書くために文章全体の順序や構成を考えたり、文どうしのつながりを意識したりしながら文章を書くことは初めての経験となる。また、友だちと文章を見せ合い交流したことはあるが、アドバイスを伝え合うような推敲活動は初めてとなる。

三　付けたい力（求められる資質・能力）
○　伝えたい題材を決めて必要な事柄を集める力
○　書きたいことの順序や表現を工夫して書く力
○　自分や友だちの文章を読み、間違いを正したり、よりよい表現方法を探ったりすることができる力

四　単元の流れ
1　学習過程（全九時間）
○　学習計画を立て、見通しをもつ。（一時間目）

〇〇小の一年間について、新一年生によく伝えられるように書く順序や書き方を工夫して、思い出カードをつくろう。

〇 自分が伝えたい題材を選び、関連することばをつなげながら取材メモをつくる。（二時間目）
〇 モデル文を参考にしながら、よりよく書くための事柄を書き加える。（三・四時間目）
〇 取材メモをもとにしながら、原稿カードをつくる。（五時間目）
〇 原稿カードをもとにしながら、下書きに書く順序や言葉を工夫する。（六時間目）
〇 下書きしたものを読み合い、交流しながら推敲する。（七時間目）
〇 カードの台紙に文章を清書する。（八時間目）
〇 絵や写真を付け加えて、思い出カードを完成させる。（九時間目）

2 単元設計

本単元では、「一年生で思い出に残っているもの」を想起させながら、「読む人に分かりやすく伝えるためにはどのような順序で書けばよいだろう」という課題意識をもたせ、書く順序や簡単な文章構成を習得させていき、「思い出カードをつくろう」という言語活動でつないでいく。この単元で獲得した「書きたいことの順序を考えながら文章を構成する」という力は、今後の書く活動の基礎となり、他教科や生活の様々な場面で幅広く活用できることを意識させ、学ぶ意義を理解させたい。

視点1【児童が主体的に学ぶ】

（1）単元の追究課題で毎時をつなげる

本単元の追究課題を「附小の一年間について、新一年生によく伝えられるように書く順序や書き方を工夫して、思い出カードをつくろう」と設定し、毎時の学習活動を積み重ねていくことによって、分かりやすく書くための流れを経験できるようにする。本時では、前時までに書いた原稿カードを「自分の思い」と「相手意識」を観点としながら、書きたいことの順序を考え、つながりのある文章になっているか、構成を見直す場面であり、本時の追究課題（めあて）は、「書きたいことの順序を考えて、つながるように書こう」とする。

（2）ふり返りで次時への必要感をもたせる

単元全体の流れを単元のはじめに確認し、教室掲示などで常に見えるようにする。児童に単元の見通しをもたせ、目の前の学習が単元のどこに位置づいているのかを把握できるようにする。学習のふり返りでは、その掲示物を意識させることで、本時の学習と次時の学習をつなげられるようにする。

視点2【児童が協働的に学ぶ】

（1）協働学習を位置付ける場面を熟考する

本時は、モデル文で文の順序を考えた簡単な文章構成を理解した後、自身の原稿カードを「自分の思い」や「相手意識」を観点としながら、書きたいことの順序を考え、つながりのある文章に構成していく学習となる。書きたいことの順序を考える場面に少人数・全体での協働学習を取り入れることで、自分の文章だけでなく、多くの文章を順序という観点で読むことができるであろう。その中で児童たちの書きたいことの順序に気をつけて書く力を身に付けさせていきたい。

（2）児童の思考に寄り添った支援をする

協働学習に向けて、自分の思いや相手意識をもとにしながら、原稿カードを並べる。そして、その原稿カードの順序について友だちと意見交流をさせていく（理由付ける）。その活動を通して、もう一度文章を見直し、並べ直しやことばの付け加え・修正をしていく（並べる）。

3 本時の流れと手立て

学習活動	教師のかかわりと評価
1 本時の追究課題を知り、学習の見通しをもつ。	○前時のふり返りを紹介しながら、これまでの学習とのつながりを意識させたり、単元全体の中での本時の位置づけを確認させたりする。 ○伝わりやすい文章にするために、書きたいことの順序やつながりについて考えていくことを課題意識としてもたせる。
かきたいことの じゅんじょを かんがえて つながるように かこう	
2 モデル文を読みながら、伝わりやすい順序やつながりについて理解する。	○モデル文の順序について読みながら、その順序の良さ、表現の工夫などの観点について考えさせ、文章を並べる際の観点にできるようにする。 ○会話文やオノマトペから文章を始める良さや表現の工夫に気づかせ、自分の文章構成に活かすことができるようにする。 ○「自分の思い」や「相手意識」、表現の工夫を考えながら原稿カードを並べさせる。
3 自分の原稿カードを並べる。	○モデル文の順序も参考にさせる。

学習活動	教師のかかわりと評価
4　書きたいことの順序やつながりを意識しながら、文章を読み合い、交流する。 5　協働学習で得た意見をもとにしながら、文章の下書きを書く。 6　本時をふり返り、次時への見通しをもつ。	①　協働学習の形態や手順を理解させる。 ②　並べた原稿カードを見合わせながら、読ませたり、説明させたりする。（並べる） ③　書きたいことの順序やつながりを意識しながら、質問や意見を伝え合わせる。（理由付ける） ④　相手に伝わりやすい文章になりそうか確かめたうえで協働を終える。（並べる） ○　協働学習で伝え合った意見で付け加えたり、書き直したりした言葉や文に気をつけながら、下書きを書く。 ○　文の並べ替えや修正が不十分な児童に対して五W一Hや様子を表す言葉などを助言する。 《評価》書きたいことの順序を考え、つながりのある文章を書こうとしている。（ワークシート） ○　書きたいことの順序やつながりを考えながら、読み直すことで伝わりやすい文章になることを確認させる。また、単元全体の中での本時の位置づけについても確認させ、次時への見通しをもつことができるようにする。

五 指導の実際

児童は、学習に対して身を乗り出すほど、意欲的に取り組むことができていた。「がんばりカード」にも楽しかったと毎日のように書いている児童がほとんどであった。また、普段なかなか書き始めない児童が、単語だと、どんどん書くことができていて、単語をつなげて文章にすることをやってみると「自分にもできる」という意識が出てきたようであった。普段の学習では、二文ほどで満足していた子が、進んで三文、四文と書くようになっていた。

文章の内容を見てみると、「いつ」「どこで」「だれと」「したこと」「こころ」などが盛り込まれるようになった。さらに、思いつくままに書いていた児童も、順序を意識できるようになっていた。

六 考察

単元構想として、今回の単元では、取材メモを作成し、それをつないで原稿カードにし、原稿カードを並べて文章の順序を考えさせながら、思い出カードを完成させた。色分けした構成メモは、児童にとって視覚支援となり、また、文の順序を友だちと考えやすい手立てとなった。友だちと話し合うことで、書くことへの自信もっいたようであった。文の順序に対しての意識していない児童たちへ「書く時には、順序を考えたほうがいい」という入門期らしい気づきにつながった。

しかし、一年生の児童たちにとって、こちらが提案した文の順序が「書きたい」「書いてみたい」という魅力あるものであったのかどうかという点については課題である。児童たちが文章を書くことに対して意欲をもち、生涯にわたって、書く活動に取り組んでいくように実践を積み重ねていきたい。

七　教師の示したモデル文

「むかしあそびこうりゅうかい」

「こままわしが、とってもじょうずだね」

十一がつにあったむかしあそびこうりゅうかいで、おじいちゃんにほめてもらいました。

ほんばんまでにいっしょうけんめいれんしゅうして、まわせるようになりました。はじめはまわせませなかったけど、おじいちゃんに、

「まっすぐにもつのがコツだよ」

とおしえてもらって、グルグルまわせるようになりました。とてもうれしかったです。

ほかにもおてだまやけんだま、たけうまもしました。さいごにおじいちゃんとおばあちゃんにえがおで、

「ありがとうございました」

といいました。

たくさんむかしあそびができるので、たのしみにしていてください。

「はじめてのうんどうかい」

よーい、ドン！

九がつにはじめてのうんどうかいでかけっこをしました。スタートのおとがなるまえは、しんぞうがドキドキしていました。

でも、はしりだしてからはゴールをめざして、はをくいしばって、ちからいっぱいはしりました。三いだったけど、さいごまでがんばってよかったです。

おべんとうをたべていたときに、おかあさんが

「はやかったよ。よくがんばったね。」

といってくれました。とてもうれしかったです。

ほかにもたまいれやつなひき、リレーがありました。

つぎのうんどうかいはいっしょにがんばりましょうね。

八　完成した児童の作品例

四月に、たいいくかんで、入学しきがありました。一の一にいったら六年生が名まえふだをつけてくれました。じつはおにいちゃんが、六年生なのでおにいちゃんがつけました。そしたらおかあさんがカメラでつけたところをとってくれました。ぼうはんブザー、ランドセルカバーをもらいました。みどりのふくろにはいっていました。うれしかったです。がっこうはたのしいです。

11月に、たのしいえんそくにいきました。どんぐりむらにいきました。バスでいきました。

うしのちちしぼりは、できなかったです。あんまりしたことがありませんでした。やぎのえさやりは、一っこは、うたちゃんにやってもらって、二こめは、先生といっしょに、やりました。

おべとうとおかしがおいしくて「おいしい。といいました。

（江里口　大輔）

②　第三学年　教師の例文をもとに表現を広げ、書く愉しみへつなげる指導の工夫

本単元は、大分市のＭ小学校の児童が、佐賀市のＮ小学校の児童に、学校自慢を物語にして伝える学習である。実践した学校の児童は、学力検査の結果では、「条件に合わせて書くこと」に課題がある。また、日常の学習の様子からも「書くことが面倒」と思っている児童が多い。児童が、表現を広げながら愉しんで書くようになってほしいという思いをこめて、本実践を行った。

一　単元名

組み立てに沿って、Ｍ小学校のぼうけん物語を書こう
『たから島のぼうけん』（光村図書三年）

二　つけたい力

○　登場人物や場所を設定し、愉しんで物語を書こうとしている。
○「はじめ・中・終わり」の組み立てに沿って物語を書くことができる。
○　場面の様子や人物の気持ち、会話文など、表現を工夫して詳しく書くことができる。

三　児童の姿（大分県Ｍ小学校三年児童）

・　相手や目的がはっきりしていると進んで書く。書くテーマを決めることが難しい児童が多い。
・「三年とうげ」では、物語の組み立て（起承転結）について学習した。「はじめ・中・終わり」については学習しているが、自分で書くところまでには至っていない。

四 学習過程

第一次 自分の学校のよさを伝えたいという意欲をもつことができる。
第二次 自分の学校のよさを伝える冒険物語を書く。
第三次 様々なテーマで書いた友だち、他校の友だちと作品を読み合う。

1 単元設計

・前単元を生かす…「はじめ・中・終わり」の組み立てで物語を書くために、前単元「三年とうげ」の学習をもとにして、組み立てを理解する。
・相手意識、目的意識をもつ…他校、他県の小学生に学校自慢を伝える」「物語を愉しんでもらう」という相手意識、目的意識をもつ。
・書き方を選んで書く…詳しい書き方を知り、物語風、レポーター風など自分が伝えたいことに合った書き方で書く。
・今後につなげる…今回学習した構成や表現の工夫を使ってまた別の話を書きたい、という意欲をもつ。

2 主な手立て

(1) 愉しんで書くための例文の提示

教師の例文や児童の作文を、授業をはじめ、様々な場で提示した。キャラクターやテーマを自分で設定し冒険物語をつくること、文種を選んで書くこと、自分の学校のよさを他県の児童に伝えるという目的をもたせることで意欲を高めた。また、例文で、五感を使った言葉や会話文など表現の工夫を見つけさせ、自分の作文にも取り入れることができるという見通しをもたせた。

(2) 表現を広げるための手立て

・技の共有化…児童から出た言葉をもとに、表現の工夫を「○○言葉」のようにまとめた。表現の工夫は、「五感言葉」「心言葉」「数字」「会話文」の四つに絞り、捉えやすくした。

・学び合い…第二次、第三次では、友達と文章を読み合わせることで、全体をレベルアップさせた。他校の児童からもコメントをもらうことで、自分の学校に誇りをもつきっかけとした。

(3) スムーズに書き進めさせるための工夫…掲示物、ヒントカード、ワーク

・掲示物でこれまでの学習をふり返らせ、いろいろな表現方法を思い出させた。（物語風、インタビュー風など）また、予め本時の流れ、活動の方法も掲示、提示していた。

・ヒントカード、ヒントコーナー等を準備し、書き進められない児童にヒントとして与えた。

・例えば、「クスノキ」を自慢したいのであれば、事前に教師との話し合いの中で、「クスノキ」の何を紹介したいのか、どんなエピソードを入れるかを決めさせていた。

例…百十歳のクスノキが、昔の児童と今の児童を比べている（クスノキの古さ）
クスノキが、なわとびをする児童を見て応援している（クスノキの大きさ）
クスノキが、児童達の安全を見守っている（学校のシンボルとしてのクスノキ）
友達同士の二本のクスノキが、児童達のことを話している（仲よしのクスノキ）

五　実践（第二次）

1　教師の例文作成に際しては、次の点に配慮した。

・物語風・レポーター風などの書きぶり
・「はじめ・中・おわり」
・「五感言葉」「心言葉」
・数字・会話文
（「五感言葉」「心言葉」・数字・会話文）…「言葉の宝箱」

ぼくは、N小学校のくつ箱です。いつもげんかんで、みんなが来るのをまっているんだ。暑い日も寒い日も、元気にやってくるみんなが大すきなんだ。

なぜ大すきなのかって？それはね、N小のみんなは、ぼくを大切に使ってくれるからだよ。一年生が入学すると、まず先生がくつの入れ方を教えるんだ。

「くつ箱のはしに、かかとをそろえます。ほら、二年生から六年生のくつ箱を見てごらん。きれいにそろっているね。一年生もお兄さんやお姉さんのまねができるといいね。」

「はあい、できます。」

こうやって、二百九十人のくつがきれいにならんでいくんだ。もし、くつを投げ入れている友だちがいると、おたがいに注意したり、入れなおしてあげたりしているよ。ぼくは、一生けんめいはく手をおくっているよ。

こんなN小のみんなに会いにきませんか。そして、ぜひくつ箱も見に来てくださいね。

＊会話文、数字、心言葉

私の名前はニッシー。昼休みに、校長先生に会いに行きました。なぜかというと、N小学校の児童から、

「うちの校長先生はすごいんだよ。」

というれんらくを受けたからです。何がすごいのか、きょうみがありますね。まっすぐ校長室に入ってみましょう。

校長室に入りましたが、だれもいません。しょく員室にいる先生に聞いてみると、

「校長先生はいつもの場所です。運動場ですよ。」

と言われました。運動場では、校長先生は、冬なのにあせをかきながら六年生とサッカーをされていました。ゴールキーパーをされていますよ。おっと、ゴールキックになりました。どのくらいとぶでしょうか？十メートル…二十メートル…いや四十メートルはとんだようです。六年生も大きな口を開けてびっくりしています。インタビューをしてみると、今でも社会人サッカーをされているそうです。なるほど！なっとくですね。

また、別の日にN小学校の近くを車で通ってみると、朝早く、学校の近くでランニングされている校長先生を発見しました。今日も元気な校長先生ですね。M小学校には、どんな先生がいらっしゃいますか？ぜひ、しょうかいしてくださいね。

＊レポーター風

・第二次の「中」を書く授業では、「五感言葉」、「心言葉」、数字、会話文について重点的に指導した。これらの言葉を「言葉の宝箱」（児童から出た言葉）として取り上げ、『言葉の宝箱』を使って書くと、さらにわくわくした物語になる」とまとめた。

・他にも教師の例文を多く作成し、授業以外の場でも読み聞かせたり提示したりした。

ぼくは、赤いポストです。今は、あまり見なくなった丸い形のポストです。

「このポスト、本物なの？」

とよくＮ小の児童にたずねられますが、今は残念ながら使われていません。かなり古いので、ぼくは鉄がさびついてザラザラしています。

Ｎ小学校の校門を入ったところ、校しゃと校しゃの間にぼくはいます。近くには図書室や音楽室があるので、昼間はけっこう愉しいです。音楽室からは、季節にあわせたすてきな歌、何回も練習しているリコーダーの音色が聞こえてきます。最近三年生ががんばっている曲は「ちびまる子ちゃん」の曲です。楽しいいい曲でつい体が動きそうになります。それにしても、今は使われていない古いポストのぼくが、なぜ立っているのか、理由が分かりますか？実は、十年ぐらい前に、校しゃを立て直すという話がありました。本当はその時に、ぼくはこわされる予定だったのです。

でも、Ｎ小の児童や学校の先生、地いきの方々が、

「この場所は、前にゆうびん局だったんだよ。その時からずっと立っているんだ。ポストだけでも残そうよ。」

という声があがったのです。そのおかげで、ぼくは今もこの場所に立っているのです。つまり、みんなに守られて、ぼくは生きているというわけです。

今日も音楽室からはリコーダーの音色が聞こえてきます。四月にくらべると、ずいぶん上手になってきました。もし、Ｎ小の近くを通ったら、ぼくに会いに来てくださいね。

2 児童の作品

わたしは、M小学校のくすの木です。中休みと昼休みは、いつも児童がくるのをまっているんだ。児童がえがおでくるのを、いつも楽しみにまっているんだよ。

中休みや昼休みは、わたしの近くで児童が遊んでくれているんだよ。とくに、ケイドロをしている児童が多いんだ。わたしは、いつも、「がんばれ。」とおうえんしているんだよ。近くで遊んでいるので、児童のパワーがみなぎっていてわたしも元気になるんだよ。暑いときも寒いときもわたしのそばで遊んでくれるので、とってもうれしいんだ。これからもみんなのせいちょうをみていきたいな。

ぜひ、M小学校にきてください。そして、もちろん、くすの木も見にきてくださいね。とっても大きいですよ。ぜひさわっていってね。

＊くすの木の大きさ　＊「心言葉」

わしは、くすくす、のきのきじゃ。もう、百才い上だ。でも、みんなのおかげで生きているんだ。

百年前の児童も、今と同じ遊びをしていたよ。M小学校の児童に力をもらっているから、今も生きているんだ。百才まで生きられたんだ。いろんな遊びをしているみんなが大すきだ。今もわしのまわりでたくさん遊んでくれている。全校で千人い上いるから、毎日力をもらっているんだ。でも、休みの日は、少しさびしいな。

わしは、みんなのえがおで生きている。だから、ぜひ、N小学校の児童も見にきてくださいね。

＊クスノキの古さ　＊数字、「心言葉」

六 考察と期待

教師の例文を多く提示したことで、どの児童も、目的意識、相手意識をもち愉しみながら書き進めることができた。また、場面の様子や人物の気持ち、会話文など、表現を工夫して詳しく書くことができるようになった。「はじめ・中・終わり」という条件に沿って文章を書くこともできた。何より、教師自身が愉しんで書き紹介したことが、児童の書く意欲に大きくつながった。

同じ題材でも、様々な書きぶり、表現の工夫が見られ、その子らしさが出てきた。今後も、創作をとおして自分の思いを伝えたい、他の人を喜ばせたいという意欲がより高まるよう指導していきたい。


（須田　千華）

③　第四学年　思いを伝えるために、書くための工夫を見つける指導

一　単元名
考えを文章で正しく伝えたい「わたしの考えたこと」（東京書籍四年上）

二　児童の実態
本学級の児童は、文章を書くことを苦手としていない。それは、日々の授業や家庭学習において、書く機会を多くもち、書き慣れてきたからである。授業中では、様々な教科で自分の考えやその理由を書く機会を設け、毎日の家庭学習では、教師が出したテーマに対応した作文を行っている。しかしながら、構成を意識して書くことができる児童は少なく、思いついた内容を構成の吟味をせずに書いている児童が多い。

左下は、単元の前に児童Aが書いた意見文である。自分の考えに対して、その理由を書くことが出来ているが、理由やきっかけの順序を意識できていないため、「考え（立場）、理由、考え（立場）、きっかけ」という順で並べて書いていることが分かる。児童Aのみを抽出したが、他の児童も、構成についてあまり意識をせずに書いている。本単元の学習を通して、読み手に思いを正しく伝えるためにはどのような構成を意識して書くことが妥当であるかを考えさせ、表現できる力を育みたい。

児童A（九月初旬）

> 「ランドセルが重すぎるので、宿題で使わない教科書は学校に置いたままにしておく」という意見に、ぼくはさんせいです。
> 理由は、重いと、ころんで、けがや事故のげんいんになるからです。なのでぼくは学校に使わない教科書を置いておいたほうが良いと思ったので。ぼくはさんせいです。
> あとぼくは荷物が重くてころんだこともあるからです。

三　単元目標
・自分の考えが友達に正しく伝わるように、組み立てを考えて意

見文を書くことができる。

※　本単元の学習は、意見的文章を書く入門的な位置づけであり、今後の作文生活に広がっていくように、意見文を書くための手順や、意見文の構成を知って、実際に書いてみる体験を積ませたい。また、自分の意見が伝わる文章を書くことで感じられる良さや、推敲することでより良い文章になっていく良さを感じさせることも体験として積ませたい。

・自分の考えを伝えるために、理由やきっかけなどの構成を捉える力
・書いた文章を読み直し、推敲する力

※　本単元に関わる授業づくりについて

「つなげる」をキーワードに研究を進めており、「領域と領域をつなげる言語活動の工夫」に取り組みたい。本単元では、説明的文章を読むことで習得した「読みの観点例（左図）」を、使って、モデル文から、「工夫ポイント」を見付け、自分の考えを表現活動に活用していくことを視点として据えている。複数の領域を関連付けながら学習に取り組むことを意識することで、単一の領域でことばの力を扱うよりも活用できる頻度が増すことができ、児童は学習で身につけたことばの力を実感できるようになると期待している。そのため、本単元に入る前までに、説明的文章を読むための「読みの観点」を習得させておく必要がある。

「読みの観点」

❶「初め」「中」「終わり」の組み立てがある。
❷筆者が問題を投げかける「問い」と「答え」の文がある。
❸「キーワード」に着目すると，筆者の意見が読み取れる。
❹いくつかの「まとまり」で全体ができている。
❺「見出し」を作ると内容が理解しやすい。
❻「文末表現」で，それぞれの文の役割が分かる。
❼説明を詳しくするために「例」や「実験」を書いている。
❽説明を詳しくするために「絵や図」が用いられる。
❾「接続詞」は段落と段落，文と文をつなぐ。
❿説明文には「型」がある。
※番号は習得の順序を示すものではない。

四　学習過程

学習計画は児童の発言から組み立て、児童の主体性を高める工夫を行う。児童は、これまでの学習の経験から、文章を書く際にどのような手順を取ればよいのかある程度は理解し

ている。その経験を整理し、学習計画の組み立てに導いている。「意見文を書くためには、どんなことが必要？」と問うと、児童から様々な発言があった。「これは、どんな順番で学習したらよいと思う？」問うと、表1上段のような流れに整理できた。

児童の発言
・発表会をする。 ・清書をする。 ・見直しをする。 ・下書きをする。 ・組み立てを考える。 ・理由を書く ・意見を考える。 ・学習の計画を作る。 ・意見文を知る。
↓
実際の学習の流れ
①意見文を知る。学習の流れを作る。
②意見、理由を書く。
③モデル文を読み、構成を知る。
④きっかけを書き加え、構成をする。下書きをする。
⑤推敲する。
⑥清書する。読み合う。

表1　学習計画表

五　授業の実際

1　意見文を知り、その良さを感じる。学習計画を作る

（1）意見文との出会い

単元を通して意欲を持続させたいため、意見文の良さについて話し合いをさせた。「自分の意見を、他人に正しく伝える文」の良さを話題の中心に据え話し合いをさせた。まず、モデルとなる教師作の意見文を読ませ、こんな文章を書きたいなという意欲を高める。普段から考えていることを相手に伝わるように文章にすることを伝えた。

※　本単元は、「書くこと」の「感想・意見」の系統として位置づいている。毎日の生活の中で感じたことや考えたことを伝える文章を書く学習である。単元の導入で、「生活の中で感じたことや、考えたことを友達にきちんと伝わるような文章を書くんだよ。」と投げかけると、「それって、私の意見を書けばいいの？」と問い返された。本単元に入る直前に説明文の学習を終えたばかりで「考え＝意見」という認識が児童の中にできていたからである。そのため、「考えを書く文」が「意見を書く文」と転化し、「意見文」となったため、「意見文」とい

うことにして、学習を進めた。

（2）学習計画

これまでの作文単元の学習の経験から、発表会を行うまでの学習計画を考えさせた。学習計画を自分たちで考えるのは、国語の学習では行っている。単元の学習課題の解決を自分事として捉え、主体的に取り組ませるために必要なステップだと考える。

「何を書けば、自分の考えは正しく相手に伝わると思う？」と問うと、児童から「意見」「理由」と返答があった。「意見」と「理由」は出たが、「きっかけ（意見を持つに至った経緯）」は出なかったため、後にモデル文を通して触れることにしている。題材については、これまでの生活作文などから抽出し、普段は何気なく考えていたことを題材にすることを伝え、次時までの宿題とした。

2　意見、理由を書く

前時からしばらくして授業を行った。十分に日常生活に目を向けて、自分の考え（意見）を持てる時間を確保したかったためである。なるべく児童の考え（意見）を大事にしたかったので、自由な発想の中から自分の意見として定めさせた。（「児童は何才まで？」「どうしてシャープペンシルを学校に持ってきちゃダメなの？」「使わない紙を再利用しよう」「ご飯は、一日二食でいいと思う」などのほかに、「赤鉛筆と赤ペン、使うならどっち？」「ひもぐつとマジックテープぐつ、どっちがいい？」「和食と洋食、どっちが好き？」など、二つから一つを選ぶようなものがあった。）

付箋紙を用いて、意見を書かせ、そう考えた理由を別の付箋紙に思いつく分だけ書かせた。きっかけを書いている子が数人いたが。次時で学ばせたい意図もあり、あえて共有はしていない。

3　モデル文から構成を知る。

「意見は書いた、理由も書いた。では、もう書けますよね？」と問うと「まだ自信がない」「組み立て方が分からない。」との返答があった。そこで、モデル文から筆者の「工夫のポイント」を見付けさせる学習へとつなげた。ワークシート（次ページ下図）で個人作業をさせ、ペアでの対話を通して、見つけた工夫を発表させた。ペア活動の際に、児童から「なんか、これ、説明文みたいよね」や「説明文の技（読みの観点）と似ているね」などの発言が見られた。新しい文章に出会ったときに、別の領域の学習と関連付けて考える素地が育ってきていると感じた。

児童が見つけた、筆者の「工夫ポイント」

・**双括型**：書いた人の意見が「初め」と「終わり」で二回書かれている強調している。大事だから。

・**構成**：「初め」、「中」、「終わり」の組み立てで書かれている。

・**ナンバリング**：理由がいくつあるのか。一つ目は〜。二つ目は〜。理由はだらだら書かず、短い言葉で書かれている。

・**きっかけ**がある。その意見をもった体験が書かれている。会話文や感情が書かれ、具体的に書かれているし、文のまとまりも一番長い。

・**文末表現**：理由には「〜だからです。」問いには、「〜と考えたことはありませんか？」呼びかけ「〜してみませんか」

※　ゴシックは、説明的文章の学習で、「読みの観点」として、習得している観点である。筆者の「工夫ポイント」を「読みの観点」を使って見つけることが出来た良さ、それを書くことに転用して書くことができる良さを確認した。

4　構成をする。下書きをする。

（1）構成する

きっかけを別の付箋紙に書き加えさせ、意見、理由、きっかけの順に構成させ、構成メモを作らせた。その際、二時目に書いたたくさんの理由の中から、相手に伝えるために必要だと考えた理由だけを選んで並べさせた。

（2）下書きをする。

構成メモをもとにして、原稿用紙に下書きをさせた。次時に推敲・編集について学ぶため、あえて、原稿用紙の使い方は指導をしていない。

5　推敲・編集する。

教科書の下書きの推敲モデル文を使いながら、推敲・編集するための記号を学ばせた。児童は、これまでに作文の書き直しをした経験から、自分なりの「書き直し記号」を使っていたようだ。「書き直し＝消しゴムを使う」という児童が多い中で、自分なりの工夫で自己流の推敲ができていることの良さを認めつつも、共通の記号があることの良さへとつなげていった。共通の記号があると、その人が、どんなつもりで推敲したのか、誰が見ても分かる。友達に推敲してもらった際に、その記号にどんな意味が込められているか分かることを感じたようだ。

6　清書し、読み合う。

下書きの推敲をもとに、清書を行った。清書が済んだ児童同士で読み合う時間を作り、お互いに一言コメントを書かせた。書くことで、自分の作文の良さを知る。

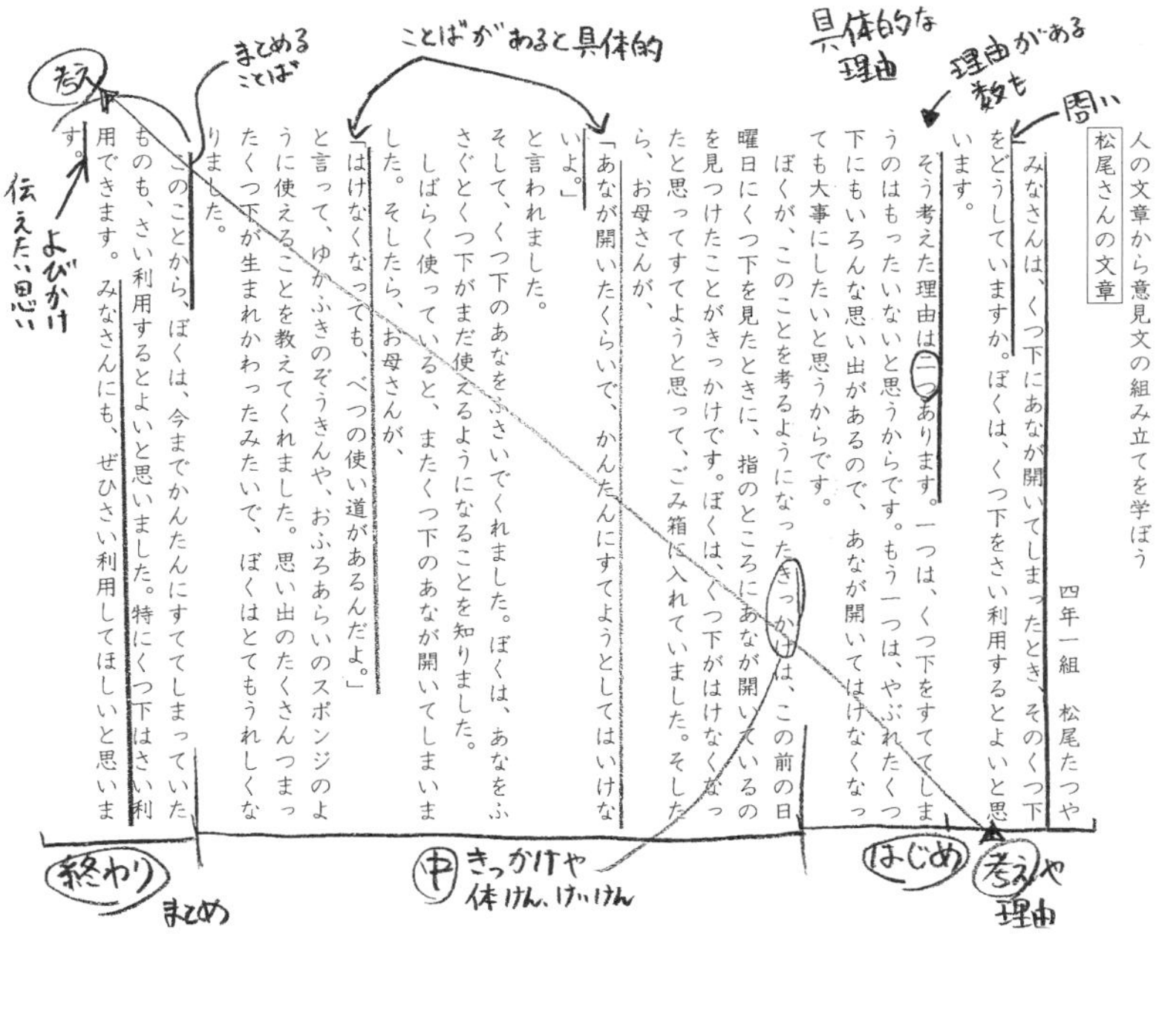
人の文章から意見文の組み立てを学ぼう

松尾さんの文章

四年一組　松尾たつや

みなさんは、くつ下にあなが開いてしまったとき、そのくつ下をどうしていますか。ぼくは、くつ下をさい利用するとよいと思います。

そう考えた理由は二つあります。一つは、くつ下をすててしまうのはもったいないと思うからです。もう一つは、やぶれたくつ下にもいろんな思い出があるので、あなが開いてはけなくなっても大事にしたいと思うからです。

ぼくが、このことを考えるようになったきっかけは、この前の日曜日にくつ下を見たときに、指のところにあなが開いているのを見つけたことがきっかけです。ぼくは、くつ下がはけなくなったと思ってすてようと思って、ごみ箱に入れていました。そしたら、お母さんが、

「あなが開いたくらいで、かんたんにすてようとしてはいけないよ。」

と言われました。

そして、くつ下のあなをふさいでくれました。ぼくは、あなをふさぐとくつ下がまだ使えるようになることを知りました。

しばらく使っていると、またくつ下のあなが開いてしまいました。そしたら、お母さんが、

「はけなくなっても、べつの使い道があるんだよ。」

と言って、ゆかふきのぞうきんや、おふろあらいのスポンジのように使えることを教えてくれました。思い出のたくさんつまったくつ下が生まれかわったみたいで、ぼくはとてもうれしくなりました。

このことから、ぼくは、今までかんたんにすててしまっていたものも、さい利用するとよいと思いました。特にくつ下はさい利用できます。みなさんにも、ぜひさい利用してほしいと思います。

六　児童の変容

本実践を通して、児童は構成を意識して意見文を書くことができた。モデル文を示したことで、作文を書くことを苦手としている児童も、モデル文を見ながら、構成や言葉の使い方をまねして書くことができた。

下図は抽出児Aの単元後の作文である。文字数を定めていたため、意見文としては言葉足らずな部分があるが、自分の考え、ナンバリング、理由ときっかけを書くことが出来ている。双括型で書くこともできている。

児童A（九月下旬）

「全教室にエアコンが取り付けられるなら、夏休みを短くした方が良い」という意見に、ぼくはさんせいです。その理由は二つあります。
一つ目は、夏休みが長かったら、遊んでばかりで九月に学校に行きたくないというふうになったことがあったからです。二つ目は夏休みの宿題がへるからです。
なので、ぼくはこの意見にさんせいです。

七　考察

1　成果

モデル文から「工夫ポイント」を見つける活動を通して、児童は構成の仕方、文末表現、理由の並べ方などを捉えることができた。児童の中には、「説明文の技（読みの観点）が、意見文の工夫を見付けることに繋がるとは思わなかった。技に似ていたから簡単に感じた。」などの発言があった。領域を関連させて学習していくことの有効性が得られた。教師が領域をつなげて指導をする意識を持つことで、児童にも、一つの領域で学んだ事が、他の領域でも転用できる良さを考えさせることできた。

2　課題

題材設定について。本実践では、意見文の入門期であると考えたことと、児童の自由な発想を大切にしたかった思いがあったため、題材の設定に制限を設けずに作文させた。しかし、「意見文」である以上は、相手に意見を正しく伝えるだけでなく、そこから何らかの変化や返答などを期待することも目的意識として必要になる。題材を設定するポイントを、学校の生活、通学路の問題、環境問題などに絞って考えさせることも大切だと考える。日常の生活で困っている事象を題材に設定し、それを打破するために自分の意見を書くという目的意識を持たせることで、書く必然性も生まれ、意欲的に書く児童を育むことが出来るのではないだろうか。

意見文を書くことが出来るようになったが、今後の児童が生活の中で、意見文を書くような場面は少ないと思われる。そのため、意図的に意見文を書く機会を設けていく必要がある。身に付けた力を継続させ、書き慣れておくことで、学習から離れて実際に意見文を書くことになった際に、その力が発揮されるだろう。

（松尾　達也）

④　第五学年　言葉で思いを広げる詩の指導

一　単元名

「一つの言葉から」（東京書籍5年上）

第四学年では、友だちと言葉をつなげて連詩を作る学習を行っている。第五学年では、詩の技法等を学習しながら自分の経験したことや想像したことを詩で表現する学習に取り組む。

二　児童の実態

本学級の児童は、日常的に日記や作文を書く活動に取り組んでいる。しかし、語彙力や表現力は個人差があり、思いを豊かに表現できる児童もいれば、書くことに抵抗のある児童もいる。詩については、暗唱や宿題の音読等で様々な詩に触れているが、自分だけで詩を作るという経験はほとんどない。

また、小学校高学年の児童達は、思春期に入り、心が揺れ動きながら大きく成長していく時期である。そのような心を表現する手段の一つとして詩を活用していきたい。

三　目標（つけたい力）

一つの言葉から連想し、発想を広げて言葉を集め、集めた言葉を使って詩を作る。

四　学習過程（全三時間）

1　学習の流れ

○　学習の見通しをもち、経験したことや想像したことをもとに言葉を広げて連想メモを作成する。（一時間目）
○　過去の児童の作品をもとに詩の技法を学び、詩を作る。（二時間目）
○　詩を読み合い、表現のよさや感想を伝え合う。（三時間目）

2　主な手立て

（1）連想メモの活用

テーマから連想する言葉をつなぎ、連想メモを作成させる。連想メモを作成することで、テーマに対するイメージを膨らませて詩を作る活動に取り組むことができる。

（2）作品例の活用

電子黒板で過去の児童の作品を例として紹介し、表現の技法を学習させたり、詩のイメージをもたせたりする。

（3）交流の場の設定

友だち同士での読み合いや家族への紹介など児童が作った詩を伝える場を設定する。、友だちの言葉や表現の工夫にふれることができるとともに、思いを伝えることの愉しみを味わうことができる。

五　実践の様子

まず、「春」というテーマで連想ゲームを行った。「春ー桜ー花見…」と一人一人が連想した言葉を答えていき、テーマから言葉を広げるイメージを持たせた。

次に、「春」から連想した言葉をつないでいき、連想メモを作成させた。その際、、五感を使った言葉や比喩などの観点を伝え、児童が多様な観点から連想できるようにした。

そして、連想メモをもとに、詩を作る活動に取り組ませた。その際、過去の児童の作品を紹介し、擬人法や比喩など表現の技法の指導を行うとともに、完成のイメージをもたせた。

詩が完成すると、児童同士で読み合う場を設け、友だちの言葉や表現の良さに気づくことができるようにした。

児童の連想メモの一部

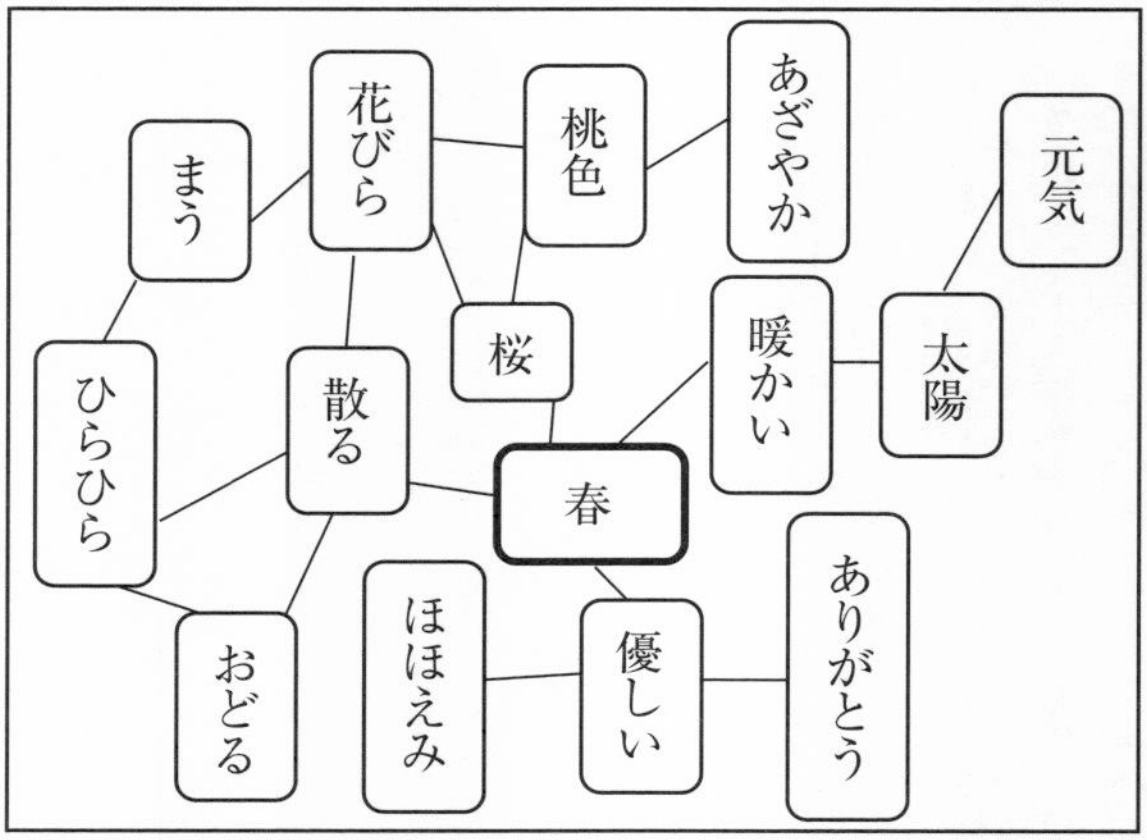

作品例

桜

桜は春
春になると
たくさんの動物や花が
目を覚ます
かわいい一年生が
大きいランドセルを持って
学校に来る
桜のように小さくて
かわいいな
ぼくもこうだったのかな

擬人法

比喩

児童の作品（春）

桜

桜のはなびらがまう
はなびらはおどるように
ひらひらおちてくる

桜のはなびらがまう
あざやかな桃色で
私達をあっとうさせる

桜のはなびらがまう
空は晴れて優しい太陽が
桜を元気にさせる

桜のはなびらはちる
春の間ずっと
ほほえんでくれて
ありがとう

六　授業からの発展

本単元の学習を生かして、学校生活の様々な場面で詩を作る活動を設定した。経験→連想メモ→詩→交流という活動に繰り返し取り組み、経験したことや想像したことを表現する力を育んでいった。

（1）他単元への広がり　国語「詩を味わおう」（九月）

教科書の詩の鑑賞の後、「夏休み」をテーマに詩を作る活動に取り組んだ。今回は、五感を用いた言葉を意識させるために、最初に「視覚・聴覚・触覚・味覚・嗅覚」の五感とそれを用いた教師の作品例を紹介し、意識して言葉集めや詩の創作ができるようにした。

作品が完成すると、友だちと交流する場を設けた。自分の詩を伝え、感想をもらうことの喜びが、詩が自分の思いを表現する方法の一つとして児童に意識づけられていった。

教師の作品例

蝉の大合唱
あおばずく　太郎
こっちの木では
ミーンミーン
あっちの木では
ワシャワシャ
ミーンミーン
ワシャワシャワシャ
ニイニイ
ジジジジ
夏の森から
大合唱が聞こえるよ

児童の作品（夏休み）

波は何度でも

夏休み
海に行く
入ればすぐに波がきた
ザッバンザッブン
波は引いたと思ったら
また何度でもおしよせる
あきらめずにおしよせる
わたしも見習おう
あきらめないでがんばろう

【交流でのコメント】
ザッバンザッブンなどの言葉や対句表現があり、おしよせる波の様子がイメージできました。
リズムがいいのでとても読みやすい詩だと思います。
波を見習おうと考えるのはすごいと思います。

技法　対句
※何度も押し寄せる波を見ながら感じたことを表現している。

（2）学校行事への広がり　「運動会の思い出」（十月）

運動会の後、運動会の思い出から浮かぶ言葉を連想メモにまとめ、詩で表現させた。これまでは、学校行事の思い出は日記や作文に残すことが多かったので、児童達は新鮮に感じていた。九月に例文で取り上げた五感を用いた言葉が自然と児童の詩の中に見られた。できた詩は全員分コピーし、学級通信で家庭に配布した。

児童の作品（運動会の思い出）

楽しい運動会

運動会が始まった
わくわくドキドキ
きんちょうする

運動会が始まった
みんなで協力
応援合戦は大きな声
ペットボトルの大きな音
バタバタバタ

運動会が始まった
みんなで協力
スタンツはとてもカッコイイ
パチパチパチ
大きなはくしゅの音がする

【交流でのコメント】
「運動会が始まった」を三回繰り返していて、それぞれの場面で「わくわくドキドキ」や「バタバタ」、「パチパチ」と音を表しているのでとても分かりやすかったです。

運動会で印象に残った場面を取り上げて、その時の気もちや達成感などを音を交えて表現しているのでイメージしやすかったです。

技法　リフレイン・体言止め

※運動会で聞こえた音を「バタバタバタ」「パチパチパチ」と表現し、九月に指導した五感を用いた言葉が自然と用いられている。

※運動会で印象に残っている応援合戦とスタンツを取り上げ、音を交えながら緊張感や達成感を表現している。

（3）他教科・領域への広がり　学活「五の一文集を作ろう」（三月）

学年末に学級の思い出作りとして、文集を作った。学級会で内容を話し合い、「五年生の自分」というテーマで詩集を作り、文集の中に綴じることになった。普段、文章を書く際になかなか筆が進まない児童の中には、詩にすると自分の思いをのびのびと表現できる児童もいた。

児童の作品（五年生の自分）

あなたのペース

重いランドセルを背負って
のろのろ行く私
お姉ちゃんは
とぶように速いのに
のろのろ私のペースで
行ってくれた

次は私の番
桜がらんまんに咲く時
お姉ちゃんから
バトンをもらった
次は私が弟をつれて
のろのろ行く
あなたのペースに合わせるよ

【交流でのコメント】
自分がお姉ちゃんにつれられていた頃と、自分が弟をつれていく今を「バトンをもらった」という表現でつなげて比べているところがとてもいいと思った。

人には人のペースがあるのだと思った。お姉ちゃんからバトンをもらった時の責任感の強さが伝わってきました。

姉弟で似ていて、心でつながっていることを感じました。

技法　体言止め

※のろのろ歩く「私」と「弟」の姿の対比から時間の経過と心の成長が感じられる。

※姉の卒業と弟の入学、そして自分の進級という変化の多い時期の思いを表現している。

（4）児童の生活への広がり

バスケットボールクラブに所属する児童が宿題の自主学習ノートに「バスケットボール」というテーマで

言葉集めをし、詩を作ってきた。バスケットボールクラブの部員が少なく、みんなにバスケットボールのよさを知ってもらいたいという思いを伝えるために詩で表現したとのことだった。

自主学習ノートの連想メモの一部　児童の作品（バスケットボール）

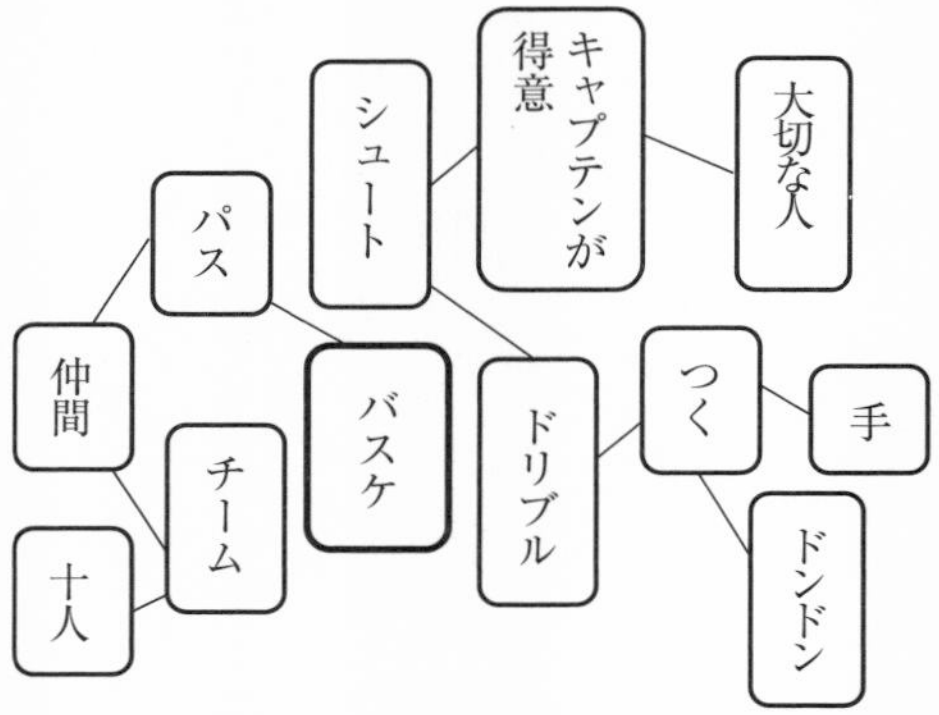

バスケ

バスケって知ってる？
ドリブル
それからシュート
あとパスで
できているんだ

チームプレイって知ってる？
一人でも休んだらこまるんだ

キャプテンって知ってる？
それは一番チームプレイで
大切な人

十人いないとできない試合
これからたくさん仲間を
あつめるぞ

【ふり返り】
今日、詩を作ってみてみんながこの詩を読んでバスケについて知ってくれたらいいなと思いました。

【交流でのコメント】
「〜って知ってる？」と聞いて相手に考えさせているのがいい。

バスケで大切なこと、たくさん仲間を集めて協力していきたいという気持ちが伝わってきました。

技法　対句

※バスケットボールの良さを知ってもらうために問いかける表現を用いている。

※部員を集めたいという思いからキャプテンや仲間という人の大切さでまとめている。

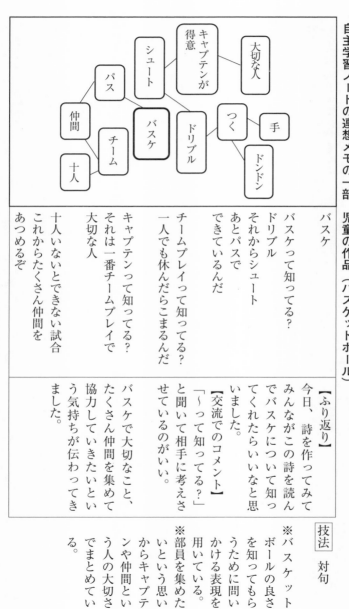

七　展望

本実践では、まず、連想メモを書くことで言葉を広げてから詩を書く活動に取り組んだ。連想メモは、なかなか筆が進まない児童にとっての手がかりとなり、効果的な手段であった。

次に、例として過去の児童の作品や教師の作品を提示した。例によって、児童に完成のイメージをもたせたり、技法を学習させたりすることができた。学年末の文集では、特に技法の指導はせずに詩を作らせたが、児童が自分の伝えたいことに合わせて表現技法を取り入れる姿が見られた。しかし、例は与えすぎると児童の想像力を制限してしまうことにもつながりかねない。提示する例の質、量ともに今後も検討をしていきたい。

さらに、詩を互いに読み合い、気づきや感想などを伝え合うことで、他者の表現のよさに気づくとともに、詩を通して思いを伝えることの愉しみを感じさせることができた。繰り返し取り組む中で、詩を文集に載せようという考えや自分の生活経験から詩を作るなど児童の自発的な姿が見られ、詩が思いを表現する方法の一つとして根付きつつあることが感じられた。さらに発展させて、用いた言葉や表現技法について話し合う推敲の場にするなど交流がより効果的になる工夫を考えていきたい。

今回、経験したことや想像したことをもとに詩を作る活動に取り組み、詩が他教科や領域、学校行事などに広がり、児童の生活場面へと広がっていく姿が見られた。児童は、児童の目線で世界を見つめ、生活している。詩は、そのような児童の見方や考え方を表現する手段の一つとして有効であった。私も児童が作った詩を通して、一人一人の思いや感性にふれることができた。

本実践の後、六年生でも引き続きこの学年の担任をした。小学校の卒業式を迎える際、児童は一人一人が学級への思いを綴り、一つの詩を完成させた。この詩は卒業文集に載せたり、卒業式に掲示されたりして、児童の思い出となった。今後も、児童が「思いを言葉で表現し、伝える」ということを大切にして実践を続けていきたい。

（江口　将史）

3　愉しみを見出す誘い

教師は級外になると、児童に直接かかわる場、授業実践の場が減る。教師として児童との授業実践に勝る喜びはない。特に、国語科教室においては「話すこと・聞くこと」「書くこと」「読むこと」を通して、言語を媒体とした日々の授業実践。そのためには、教師としての授業づくりの工夫・改善が求められる。そして、その成果としての児童の言語活動の高まりと豊かな国語科教室の展開は、教師にとっての充実の時間である。年間を見据えた計画的・継続的な熱意ある実践が、豊かな「ことば」の使い手として生き生きと様々な場面で書く活動に取り組む児童の育成につながる。そして、教師として児童の書く活動の着実な成果を導き出すことにつながる。

「書くこと」に視点を当て、児童の実態、その書きぶりを探ってみる。

○書くことへの苦手意識を持った児童が学級内には何と多いことか。何を、どのように書いていいのかわからない。また、書くことそのことを面倒がる実態がある。書く愉しさを体感できずにいる。

○児童の作文を読むと、楽しかったこと、悲しかったこと、嬉しかったことなどについて、具体的な活動内容や気持ちの変容を書くことなしに、五感を生かす表現なしに「たのしかった」の一言で締めくくる文章が多い。

○教室には、様々な文章作品が掲示されているが、作品に対する教師の処理・評価が不十分な実態が残念ながら存在している。教師の評語が的確に朱で書き添えられた作品もあれば、教師の評語が全くないまま掲示されている作品もある。一年間、評語が書き込まれた作品を受け取るかどうかは、児童の書く意欲と文章表現力の高まりにおいて多大な差が生じる。

今、新学習指導要領は、B書くことでは、「題材の設定」「情報の収集」「内容の検討」「構成の検討」「考えの形成」「記述」「推敲」「共有」「言語活動例」で構成されている。例えば、一・二年生の言語活動例では、「報告　記録　日

記　手紙　物語　等」の書く文種の内容について、具体的な活動例が提示されている。私たち教師は、今一度、学習指導要領の内容に立ち戻って、目の前の児童の実態と目指すべき到達点を見据えて計画的・系統的・具体的な指導実践を積み上げ、児童の言語活動力を高める責務を負うている。

今回、東松浦グループでは、児童の実態に鑑み、更に、教師としてのこれまでの実践における反省点を踏まえ、「豊かなことばの使い手」を目指す児童の育成に向けた実践に挑戦した。そのために、まずは、教師自身が「書くことを愉しむ」をテーマに掲げ実践を続けた。メンバーの実践内容は、次のとおりである。

担任として　○新聞への投書を書く　○観察名人になって書く　○手紙を書く

級外として　○書くことで力をつける学級通信　○地元に伝わる民話の教材づくり　○様々な発信と影響力の工夫

豊かな語彙の発揮とは、例えば、「たのしかった」を使わずに、「たのしさ」を表現するためには、

・笑顔になった　・ニコニコ顔で　・夢中になって　・思わず飛び上がって　・また〜したい　・心が弾む　等

「きのう、ぼくは、友達とのドッジボールで勝ちました。うれしかったです。」ではなく、「きのう、ぼくは、友達とドッジボールをしました。試合に勝ったので、みんなはにっこり笑顔でした。笑い声も聞こえました。友達とまたドッジボールをしたいです。」のような文章を児童に書かせたい。そのための方策の具現化に向けて実践する。

語彙力が高まるように、年間配列の「国語科単元」、朝のタイムでの「書くこと帯単元」、毎日の「書くことの宿題」や帰りの会での「○○日記」等、教師の年間を通した縦の系列と様々な横の系列の実践を編み込む創意工夫と継続的指導の必要性を強く感じている。そして、何より目の前の児童の「書くこと」の実態、それを踏まえてどんな児童像を目指すか、そのために、年間計画をいかに作り上げて日々の実践を重ねていくかが我々教師に問われている。

豊かな「ことば」を使って生き生きと文章表現ができる児童を育てたい。そのために、教師がまずは書くことを愉しみたい。教師のモデル文の提示等を通して、数多くの書くこと指導の実践を愉しみつつ積み上げたい。そのことが、児童の書くことの苦手意識の克服や「ことば」を豊かに使いこなし愉しみながら文章表現ができる書く力の育成につながる。更に、多くの読み物を教室や図書室に備えることにも当然の環境づくりとして努力したい。

（峰　茂樹）

①　たのしみながら書こうとする児童の育成

～教師や児童の文章比較を通して～

一　単元名

かんさつ名人になって、自分のミニトマトのことを家の人につたえよう

（東京書籍　二年上　かんさつしたことを書こう）

二　児童の実態

本学級の児童は、自分が伝えたいことを相手に伝えたいと感じ、それを言葉で表現したい子が多い。一方で、伝えたいことや伝えるべき内容について、分かりやすく伝えるために、表現の工夫や詳しくするための言葉を使って文章を書くことは不十分で、苦手としている児童が十人ほどいた。

なんかはっぱの色は、上らへんのとこは、はいみどりでした。下らへんは、きいろとみどりときみどりでした。はっぱの数はたくさんありました。水をあげていっぱいそだてたいです。（児童Ａ）

はっぱがざらざらしてて、色は、みどりで、はっぱがたくさんありました。はっぱは、上は大きいけど下は、小さかったです。（児童Ｂ）

わたしは、はっぱをさわってみました。ちょっとざらざらしていました。くきをさわると、とってもいいにおいがしました。
（児童Ｃ）

生活科の学習で野菜を植え、観察記録文を書く。その際は、「オノマトペ表現、色、形、大きさ、長さ、数字を用いて気づきを書こう。」として一回目の観察記録文を書かせた。その中で、児童Ａ、Ｂ、Ｃの観察記録文は上のとおりである。児童Ａは、量は書けるが具体性に乏しい。児童Ｂは様子を表す言葉を使えているが、見たままを書くにとどまっている。児童Ｃは、五感を活用して書いていたが、

葉の数や大きさなど、記録という面で不十分である。「様子を表す言葉を使ってみよう」と声かけをして書かせたこともあり、色や触った感触を書くことができている児童はクラスの半数以上いた。しかし、葉の様子や変化、葉や茎の大きさや長さについて詳しく、具体的な数値を使って書いている児童は半数もいなかった。児童の実態と国語科の観察記録文の単元で求める姿を踏まえて、観察したことを書くために、児童に付けさせたい力を設定した。また、学習指導要領「書くこと」領域において「題材設定、情報の収集、内容の検討」の一、二年生段階として「ア．経験したことや想像したことなどから書くことを見付け、必要な事柄を集めたり確かめたりして、伝えたいことを明確にする」とある。二年生としてこの点に気を付け、さらにそこから次の三、四年生段階の「ア．相手や目的を意識して、経験したことや想像したことなどから書くことを選び、集めた材料を比較したり、分類したりして、伝えたいことを明確にする。」と移っていく。学年間のつながりや系統性を意識しながら児童の「書きたい」という思いを高める学習指導を企画した。

三　単元の目標（つけたい力）

○　教師のモデル文をもとに、自分の書いた観察記録文を見直し、よりよいものにすることができる力。
○　表現の工夫として、観察対象の様子や変化を、大きさや形、以前の状態などと比較して書く力。
○　五感をもとにした表現方法を用い、様子が詳しく分かるように具体的に書く力。

四　指導の実際（全六時間）

【単元前】　本単元につながる学習として、一年生で「わたしのはっけん」という記録文を書く学習をしている。
また一、二年生の生活科の中では対象を観察して文章にする活動を行ってきている。

【本単元の実践】

①　学習の見通しを立て、学習課題を確かめる。

②③　教師の作品例を提示し、読み比べることで、児童が観察したことを詳しく書くための観点や工夫を見つける。

④⑤　生活科の時間に書いた一回目の観察記録文を見直し、修正したり付け加えたりできるところを見つけ、書き直す。

⑥　出来上がった観察記録文を友達と読み合って、良いところよく書けているところを互いに伝え合う。学習課題をもとにふり返りを行い、学習をまとめる。

【単元後】　本単元後、三年生以上では観察記録文の学習としては出てこないが、生活科や理科、または見学したことについての記録文としての学習活動へと広がっていく。

五　指導の実際（提示した教師モデル文の位置づけと意図）

> きょうは、ミニトマトをかんさつしました。はっぱがたくさんありました。ぜんぶみどり色のはっぱでした。
> いちばん大きなはっぱは、ほかのはっぱより大きかったです。

（教師モデル文①）

> きょうは、ミニトマトをかんさつしました。ミニトマトはまえよりも大きくなっていました。
> はっぱは10まいもふえて、20まいもありました。はっぱをさわると、ざらざらしているところがありました。色はこいみどり色でした。いちばん大きなはっぱは、ぼくの手よりも大きくなっていました。
> ちかづいてみると、赤いトマトとおなじにおいがすることに気がつきました。もうすぐみができそうなので、いまからとても楽しみです。

（教師モデル文②）

〈使用表現〉＿…比較　━…数値　～…感触　～…色　＝…におい

教師の例として、モデル文①とモデル文②を二時間目に提示した。内容に目を向けさせたかったので、書き出しはあえてどちらも同じとした。ここでは、モデル文①が不十分な観察記録文、モデル文②が児童に書かせたい観点が含まれている観察記録文である。①と②の文章を読み比べることで、どちらの文章がミニトマトの様子がよく分かるように書けているのかを考えさせた。その際は、ペアで交流させ、意見を確かめ合わせた。半数程度の児童がモデル文②を選んだので、そこからさらに、その理由をノートに書かせて発表させた。児童の意見には、「①は葉の数や大きさがはっきり分からないけど、②は、10や20という数が書かれていて分かりやすい。」と数値を使っていること、「②は前と比べて大きさが変わっていることが分かる。」と比較をしていること、「②には、手で触った感触が書かれている。」とオノマトペ表現があること、「②は鼻でにおったことを書いている。」と五感表現が書かれていることなどが出された。

児童からは出なかった意見として、波線のような「こい○色という色を具体的に表す表現」、「葉っぱの大きさや形を他の似ているものと比較している表現」については、教師がヒントを出しながら紹介した。

このようにして、書く時に入れた方が良い観点を児童全員で整理し、まとめた。その際に、オノマトペ表現や色表現について、いろいろな言葉に触れてほしかったので少し時間をとり、「どんな言い方があるかなゲーム」として、使えそうな表現をみんなで出し合った。オノマトペ表現としては、「つるつる」、「ちくちく」、「ぎざぎざ」など、色表現としては「○○みたいな色」、「真っ赤」などが出た。出てきた言葉は板書し、その後、模造紙に種類ごとに分けて書き児童が実際に書く時には掲示した。

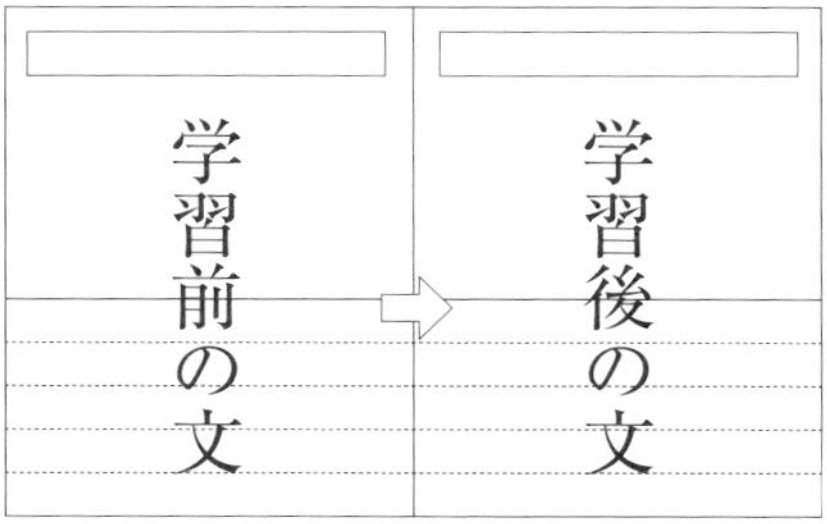

（使用したワークシート）

実際に、文章を書く時には、観点を書きこんだ教師の作品例を拡大し黒板に掲示した。児童のワークシートとしては、A3用紙を横に使い、左側に自分が初めに書いた文を、右側に学習を進めてから書くスペースを配置した。左の自分の文章をもとにすることで、文を見比べながら、以前の文に、足りないところや付け加えられるところを修正していくようにした。すぐ隣にもとの文があるので、学習した観点を生かして、安心して文を書き直していく。書いた後は、自分の文がパワーアップしたことを視覚的にも確認することができた。

【さわったことば】
・つるつる
・ちくちく
・ぎざぎざ
・さらさら
・べたべた…

【色ことば】
・きみどり
・白い
・まっか
・～みたいな色
・～のような色…

（観点例をまとめた用紙）

その後、友達どうしで読み合いをし、観点をもとに、工夫している文について感想や気づきを書いた。児童からの意見としては、「左がわの文に比べて、ミニトマトのことがくわしく書かれている。」、「さわったかんしょくをざらざらやちくちくということばを使って書いているので、分かりやすかった。」といったことが出た。

六　児童の作品例と鑑賞会

〈指導前〉

なんかはっぱの色は、上らへんのとこは、こいみどりでした。下らへんは、きいろとみどりときみどりでした。はっぱの数はたくさんありました。水をあげていっぱいそだてたいです。（児童Ａ・前）

〈指導後〉


ミニトマトのなえは、前よりも大きくなっていました。はっぱは、20まいぐらいありました。はっぱをさわったらさらさらとしていました。長さは80cm もありました。もっとそだてて100cm いきたいです。ミニトマトのみの数は7こありました。色はみかんのような色でした。

色が前よりもこくなっていることに気がつきました。

（児童Ａ・後）

・数値を用いて、苗の大きさ、葉や実の数が具体的。
・五感を使い、葉の感触を「さらさら」という言葉で表している。
・似ているものと比べての色表現。

はっぱがざらざらしてて、色は、みどりで、はっぱがたくさんありました。はっぱは、上は大きいけど下は、小さかったです。（児童Ｂ・前）

ミニトマトをかんさつしてみたら、大きさは60センチぐらいで、色はお茶みたいな色で、さわったらざらざらで、まえのはっぱは9まいぐらいだったけど、5まいぐらいふえていて、ミニトマトもふえました。

どんどんふえているとわかって、とてもうれしいです。

（児童Ｂ・後）

・数値を用いて、葉の数の変化が具体的。
・「○○みたいな色」という色表現。
・五感による「ざらざら」という言葉。

わたしは、はっぱをさわってみました。ちょっとざらざらしていました。くきをさわると、とってもいいにおいがしました。

（児童Ｃ・前）


はっぱをさわってみると、いいにおいで、キャベツのようなにおいがしました。くきのところに、白い毛がいっぱいはえていました。はっぱの形がぎざぎざしていました。色はこいみどりでした。

小さなみができているのに気がつきました。早くできるように、水をいっぱいあげます。

（児童Ｃ・後）

・五感を使い、「○○のようなにおい」と分かりやすい工夫。
・見えているものの色や形が具体的に分かるように表現。
・気づいたことを書けている。

【その後の取り扱い】

出来上がった文章を友達と互いに読み合う時間を設定した。今回の目標をもとにして、上手に書けているところに注目させ、それらを付箋に書き、「ほめほめカード」として相手にわたす。児童は、受け取ったカードに書かれているコメントと、自分が気をつけて書いたところが一致していると、とても嬉しそうな表情をしていて、特に観点を入れて工夫して書けたことに自信をもった。

七　考察、まとめ（成果と課題）

○教師の作品例を出したことで、「こういう言葉や表現を使って書けばいいのか。」と安心して活動に取り組むことができた。自身の文をリライトするということと合わせて、自信をもっていろいろな表現方法に挑戦して書く子が増えた。

○今回の学習経験をもとに、普段から行っている五行日記の中で、テーマに合わせてオノマトペ表現や色、形、大きさ、長さ、数字などを用いて具体的分かりやすくに書こうとする意欲の高まりにもつながった。

・今回提示した教師の作品例は、「良い例」と「足りない例」だったので、児童は分かりやすく必要な観点を見つけることができた。しかし、今後はそれぞれに必要な観点をちりばめた「良い例」の二つの作品例を提示して、比較しながら検討することで、内容をより豊かなものにしていくことにも取り組んでいきたい。

・教師がアサガオやヒマワリと題材を決め、今回行った観点に気をつけた観察記録文を日常的に、たのしみながら書いて提示することで、児童の「書くこと」への意識、たのしんで書こうとする気もちの高まりが期待できる。

・オノマトペ表現など、授業外でも興味を持って語彙を広げられるような取り組み、言語環境の整備を行いたい。

（松永　陽一郎）

②　単元　私の思いを伝えたい～新聞の投書を書く～

（四年上　私の考えたこと　東京書籍）

一　児童の姿

本学級は、説明文で文章のまとまりを捉え、新聞や日記等に書くことを通して、自分の思いやテーマに沿って自分の考えを書くことを行ってきた。他にも、自主的に日記や物語を書き、楽しみながら書くことにふれている児童が多く見られる。しかし、書くとなると段落や文章の構成を考えず書いてしまう場合が多い。また、自分の考えを相手に納得してもらうように書く経験も少ない。児童達は、相手を意識し説得するような文章構成を考えたり、自分の考えと事例を関連づけたりして書く力は身に付いていない。

以上の実態を踏まえ、単元初期段階で書いた意見文を上記に示す。

児童Aの書いた意見文は、〈初め〉と〈終り〉に自分の考えを書くことができている。考えの理由と自分の経験（事例）も関連づけることができている。しかし、段落を意識して書くことができていない。また、自分の思いを書くことができているが、読み手を意識した説得させる文章としては弱い。さらに、一文が長く、常体や敬体が混在している。

私は夏休みの宿題はへらす、またはないほうがいいと思う。理由は、夏休みの宿題が多くてやる時はしぶしぶで、めんどくさいなあと思いながらやってしまうからそれは、学ぶと言うことにつながらないと思うから。夏休みの宿題は自分から全力でした時の方が勉強の内容がしっかりと頭に入ると思うから夏休みの宿題はへらすか、ない方がいいと思います。

児童A

ぼくは、海よりも山がいいです。

一つ目は海にはクラゲや毒をもった生き物がいるかもしれないからです。

二つ目は海ではおぼれてしまうかもしれないからです。山はきゅうけいできるけど海では疲れておぼれてしまうからです。

児童B

児童Bは一つ目、二つ目と文章の順序を意識してまとまりごとに捉え、段落意識を持つことができている。しかし、自分の経験（事例）と結び付けていないことや、〈終り〉に自分の考えを書いておらず、（双括型）として相手を説得したり納得させたりすることを意識した文章を書くことができていない。

二 単元目標

自分の考えが伝わるように理由と事例を関連づけて文章の構成を捉え、投書を書くことができる。

本単元における学習課題は以下のとおり。

【付けたい力】自分の考えを伝えるために文章の構成を考える力を身に付ける。

【言語活動】 自分の考えの理由と事例を関連づけて新聞の投書を書く。

付けたい力は学習指導要領の第三・四学年B書くことのイ「書く内容の中心を明確にし、内容のまとまりで段落をつくったり、段落相互の関係に注意したりして文章の構成を考えること」 ウ「自分の考えとそれを支える理由や事例との関係を明確にして書き表し方を工夫すること」の指導事項を基にする。

言語活動は、「新聞の投書を書こう。」とした。投書とは意見・希望・苦情・要求などを関係機関に送ることである。そこで、佐賀新聞の opinion の欄の投書コーナーに応募することで学習意欲を持たせた。また、言語活動を達成するための考え方を「自分の考えの理由と事例を関連づける。」とする。考えの主張性や説得性のある文章を表すには、自分の考えの理由と事例を関連させて述べる必要があるからである。

指導の際にモデルを示す。

投書へのイメージを持たせ、文章の構成を捉えることができるように、また、一つのテーマから複数のモデルを示すことで児童が、様々な視点で物事を考えさせる。これは五・六年生の意見文を比較し様々な視点に立って考える学習に繋がる。

三　学習過程

【学習の流れと手立て】

単元計画（全六時間）

○投書を書くための言葉集め文章の技法（語彙学習）　単元前

例…まず、次に、最後に（順序を示す言葉）

～はありませんか。（問いかけ）

理由は～です。～の経験から〇〇思います。（理由や根拠）

○学習課題を理解し、学習計画を立て見通しをもつ。　（一時間）

学習課題の意味を理解し単元で何を行い、どのように学び、何ができるようになるのかを自分の言葉で説明できるようにする。

・モデルから文章の構成を捉える。（書き方）

・自分の考えを、理由、事例と合わせて考える。（内容）

・考えたことを投書として書く。（整理）　・文章の推敲。（高める）（四時間）

○発表し合い、感想を持つ（表現する）（一時間）

○身に付けた力を試す　自分でテーマをきめ意見文を書く。（一時間）

単元を作る際、相手意識、目的意識が大切です。「誰に」、「何のために」があると児童は自ら生き生きと動き出します。本単元は新聞の投稿という目的とそれを読む人を意識して単元を開きました。また、学習課題には、児童が身に付ける力・力を付けるための考え方、それを発揮できる言語活動を明記します。ここまで準備すると「先生今日は何をしますか。」と言う児童の言葉がなくなり自ら動き出します。

【指導の実際】…教師が示した作品例

【教師の作品例①】

私は、体育の学習の水泳は九月までする方がいいと思います。その理由は二つあります。

一つ目は、水泳の時間にあと少しで二十五ｍ泳げるかどうかの所まで、一生けんめい、練習したからです。友だちからも「絶対二十五ｍ泳ぐことができるよ」と声を掛けてもらいさらに練習しましたが、水泳の学習が終わってしまいました。みなさんはこんな経験ありませんか。あと少しだからこそ、もう少し長い期間泳ぎたいと思いませんか。

もう一つ理由があります。それは、雨での中止が多いと言うことです。泳ぐ練習がしたいのに梅雨の時期は雨でできないことが多く残念な気持ちになりました。

このように、私が経験したことから、やっぱり、水泳の期間を九月までのばしてほしいと思います。

〈初め〉自分の考えが読み手に伝わるようにするために、自分の伝えたい考えを明記し理由がいくつあるのかを述べる。

意見文を書くための表現
・理由は～からです。・理由は○あります
・なぜなら～であるからです。等

その理由と自分の経験を関連づけることでより説得力のある文章になる。会話を入れたり実際感じた感情を書き入れたりする。

〈終わり〉再度自分の考えを書くことで思いが強調される。【双括型】になるようにする。

私は、体育の学習の水泳は9月までする方がいいと思います。その理由は三つあります。

一つ目は、9月もとても暑いからです。水泳の学習があるととても気持ちがよく心も体もすっきりして、ほかの勉強にも集中できると思うからです。

二つ目は、泳ぐ練習が長くできるからです。だんだん泳ぎ方が分かってきたときに、ちょうど水泳の時間がおわるので残念な気持ちになります。もう少し長い期間水泳の学習があると、もっと長い距離を泳げたり、新しい泳ぎ方を練習できたりすると思うからです。

三つ目は、雨で中止になることが多いからです。6月の梅雨の時期はとても雨が多く、水泳の時間が中止になることが多くあります。せっかく楽しみにしていた水泳ができないのはとてもくやしい気持ちになります。

このような理由から私は、体育の水泳は9月までするべきだと思います。

【教師が示した作品例②】

四　児童の作品と鑑賞会等

単元の中でモデルのほか、学習計画表・表現集・意見文のテーマ集などを与え、書くために必要な物を与えた。

意見文や説明文を書くための表現

理由を書くとき

・理由は○つあります。
・理由は～です。
・なぜなら～だからです。

話のじゅんじょ

・まず　・次に　・それから　・最後に
・一つ目　・二つ目　・三つ目
・それで　・このように　・つまり

読み手に問いかける

・～な経験はありませんか。
・～だと思いませんか。

一　単元の見通しをもつ……1時間目

（ア）学習課題を何度も読む
（イ）モデルを何度も読む
（ウ）学習計画をおぼえる

言葉の力

自分の考えがはっきりとつたわるように書く。

●組み立て方
（初め）自分の考えの中心を書く。
（中）　理由とそれに関係する事例を、内容のまとまりごとに段落をわけて書く
（終り）もう一度自分の考えの中心を書く。

●いくつか考えがあって、その中からどれがいいかを選んで書くときには、それぞれのよいところをあげるなどして、よくくらべるとよい。

二　意見文を考える……4時間

（ア）モデル文から文章の構成を捉える。（書き方）
（イ）自分の考えを理由と（内容）
（ウ）考えたことを投書として書く。(整理)
（エ）文章の推敲（高める）

三　発表会をする

四　単元のふりかえり

○児童Aの作品を比較する。

私は夏休みの宿題はへらす、またはないほうがいいと思う。理由は、夏休みの宿題が多くてやる時はしぶしぶで、めんどくさいなあと思いながらやってしまうから。それは、学ぶと言うことにつながらないと思うから。夏休みの宿題は自分から全力でした時の方が勉強の内容がしっかりと頭に入ると思うから夏休みの宿題はへらすか、ない方がいいと思います。

児童A

夏休みや冬休みの宿題は　ある方がいいか　ない方がいいか

わたしは、夏休みの宿題や冬休みの宿題はない方がいいと思います。その理由は二つあります。

一つ目の理由は、宿題が多かったりするとやっていてもまだたくさん宿題があるなぁと思い、めんどくさくなってくるからです。

二つ目の理由は、宿題がないと自学をやる人がでてくるかもしれないからです。自分から勉強すると、勉強した内容が頭に入って、二学期や、三学期にそのことが生かせると思うからです。

このことを考えるきっかけになった、出来事は、わたしが夏休みの宿題を、やっている時です。宿題を早く終わらせなきゃと思い、やっていくけど、だんだんめんどうくさくなってきて、内容が頭に入ってこないからです。みなさんは、こんなけいけんありませんか。

このような理由から、わたしは、夏休みや、冬休みの宿題はない方がいいと思います。

児童Aの作品の変容は、段落を捉え順序よく考えを書くことができている。また自分が経験したときの気持ちを書くことでより読み手に伝わるように書くことができている。自分が経験したことを踏まえ、更に学習とは何かを考え、自分の考えを述べ、説得力のある文章にすることができている。一文一文が短くなり、当初のような一文が長い状態も解消されている。

児童が単元中の文章を書いている際に常にモデルを参考にしながら書く姿が見られた。モデルを見ることで文章の構成の把握に繋がり、見通しを持つことができるようであった。教師モデルの有効性が表れていた。

他の学習に必要な資料の活用も見られた。書き終わった後に計画表を見て、友だちと読み合い文章の誤字脱字がないかなど訂正や修正をしようとする姿も見られた。

○児童Bの作品を比較する。

ぼくは、海よりも山がいいです。

一つ目は海にはクラゲや毒をもった生き物がいるかもしれないからです。

二つ目は海ではおぼれてしまうかもしれないからです。山は休憩できるけど海では疲れておぼれてしまうからです。

児童B

夏休みに行くなら海か山か

ぼくは、夏休みに行くなら海ではなく山です。理由は三つあります。

一つ目は、たくさんの動物に会えるからです。海には、魚がいるけど陸の方が会える動物は多いと思ったからです。

二つ目は海にはクラベやきけんな生き物が多いと思ったからです。陸のきけんな生き物はあまりおそってこないと思ったからです。

三つ目は、山は体力がいるけど登っていると中で足の体力がつくと思ったからです。

なぜ夏休みに行くなら山にしたかと言うと夏休みには、山ではなく海にいつも言っていたので山がいいと思いました。

なのでめずらしい生き物に会えたり足の体力がついたりするのでぼくは海より山の方がいいとぼくは思いました。


児童Bの作品を見てみると、変容前は理由と事例との関連が弱かったが、根拠となる理由を増やし、自分の知りうる知識や経験と結び付けようとする姿が見られた。また、海と山を比較しその上で自分の考えを合わせて述べることができている。さらに、〈初め〉と〈終わり〉に自分の考えを述べ双括型の文章の構成に変わっている。

この児童Bも児童A同様にモデルを見ながら書いている姿が見られた。単元前に書いた意見文と比べながら、より自分の思いや考えが伝わるよう書けている。

児童Bの課題としては、理由と事例を関連付ける意識が出てきたが、読み手を意識した文章表現が少ない。読み手を引きつけるために問いかけの文章や、読み手が経験しそうな事柄を書くことを意識させる手立てが必要である。

五　考察

○　児童に身に付けるべき力を示すことで、モデル文文を見る際に文章の構成に意識を向けることができた。児童A・B共に段落・順序・理由と事例などの文章の構成を捉え、書くことができた。また、モデル文を参考に書いている児童が多く、モデル文の有効性が見られた。モデル文があることで児童は見通しをもち、書き方を学ぶことができる。モデル文を複数見せることで自身にあったモデル文を選び、書いていた。複数あることで様々な書き方にふれることができ、自分の考えに合った書き方ができるので、児童の書き方の幅が広がる。

○　学習計画表や語彙集などの資料の活用も有効であることが分かった。学習計画表があることで児童は次に何をすべきか見通しをもつことができるので、児童A・B共に意見文を書き終わった後、計画表を見て、修正や訂正をしようとする姿が見られた。見通しをもつことで児童自身が教師の指示や発問を待つことなく学習を進めることができるようになった。また、語彙集はモデル文文に表せなかった言葉や使う場面を示すことで児童が文章を書く上での手助けとなった。そして何よりモデル文があることで全児童が愉しそうに文章を書いていた。

●　今回モデル文の有効性が見られた。だからこそ、モデル文を示すに当たって、教師の書いたモデル文の妥当性はどのように判断するのか課題である。実態に合わせたモデル文を書くことが有効である。しかし、教科書のモデル文は汎用性が高い。二つの使い分けなど、モデル文の製作はどのようにあるべきか、その判断基準を教師が持つ必要がある。

●　授業の中ではモデル文を見ながら、書くことができたが、学習したことを日常生活や日記等の中で児童が表現することができるかが課題である。学んだことを実の場でどのように生かしていくのか考える必要がある。

（平田　昌志）

③　第四学年　そうだ！　あの人に手紙を出そう

一　児童の実態

児童が手紙を書く機会と言えば、夏休みの暑中見舞いや正月の年賀状が大半であろう。他に機会と言えば、総合的な学習等のゲストティーチャーや修学旅行でお世話になった方々に出す手紙であろう。国語や書写で一般的な手紙の書き方の指導は行われるが、児童は手紙を通じて心と心を通わせる手書きのよさを味わい、手紙文化を愉しむ機会はほとんどないと言ってよい。児童が手紙を通して、自分と相手を思い返し、書くことを愉しむ手紙指導を具体化した。

二　目標（付けたい力）

・四季と自分と相手との関係を考えながら、手紙の表現を（内容・表現・語彙等）工夫することができるようにする。
・手紙のやり取りを通して、手紙文化を愉しみ、人の思いに触れるよろこびを味わわせる。

三　指導の実際（実践計画）

・教師と前任校の児童との郵便を利用した手紙のやり取りである。
・教師の手紙を基に、児童に学校生活や家庭生活等の近況報告や意見・感想を書かせる。
・四季を意識した手紙の書き方を踏まえ、自由な発想とお互いが共有することばで書くことに慣れ親しませる。
・手紙に関する道具や手法も教師のモデル文を参考にさせながら手紙文化を味わわせる。

・保護者に協力を依頼し、手紙を書いているときの様子などの報告を受ける。

四　例文の位置付け・意図

【実践一　今後の目標や取り組みなど、教師の手紙を基にして書く】

児童Aは、快活で書くことが好きな児童である。向上心があり、文章が上手になりたいと思っている。しかし、手紙に何をどのように書いたらいいいか、話題の選択や適切な書き方について迷っていた。

運動会を参観した時、児童Aは、ゆずの曲『タッタ』で元気にダンスに取り組んでいた。その曲中に「よーいドン」という歌詞があることを生かし、「よーいドン」を「今後の目標や取り組み」と掛けて目標を尋ねた。

教師の例文　運動会では、楽しく元気の出るダンスを見せてくれてありがとう。今私が、外を走っているとホタルが夜道を照らしてくれます。イヤホンから流れる「タッタ」が、私を勇気づけてくれます。時々、小さな虫が口や鼻に入って困ります。Aさんの次の「よーいドン」は何ですか。

児童Aの手紙　私の「よーいドン！」は今のところ今度のピアノの発表会の事です！私は、「栄光の架橋」をひくことになって練習をしています。練習きかんもせまってきているのでドキドキしながら日々を送っています。私の「よーいドン！」は他にもあります。四年生になり上学年へ向けてのがんばりや、今年やる二分の一成人式での成長やしょう来への十年間をどんなみちのりかとかいろいろあります。それが出来るためには日々のど力や勉強のつみ重ねが重要だと思います。

「次の目標は何ですか」と直接問われるのではなく、児童Aは運動会の内容に掛けられた「よーいドン」ということばから、「新たな目標」という意味を教師と共有しながら手紙で書く内容を広げることができた。児童と教師と共有できることばを持ち、手紙の中でお互いの世界がつながり、書くことを楽しむことに有効である。

【実践二　自由な発想とことばで、手紙を書くことに慣れ親しませる】

時候の挨拶には、同じ季節を生きている感覚を共有するという意味がある。手紙では時候の挨拶から書き始める形式が一般的なので、児童との手紙でも季節の話題から手紙を書き始めるように促した。また、読みやすい文章にするために文末表現を簡素にする書き方も示した。

教師の例文　梅雨だけど、蒸し暑さを○○（児童Aの）小学校ほど感じません。□□（教師の）小学校は標高100mくらいの山の中。今はまだ涼しいよ。教室には扇風機が2台だけ。クーラーは無し。夏本番はどうなることやら。

傍線引用者

児童Aの手紙　最近は梅雨どきで雨がふり、しっけがすごくいやにならないですか。（省略）台風も来るらしい。気をつけてください。この手紙には関係ないけど、あと一カ月で私のたん生日（わたしのたん生日覚えているよね）。楽しみ～！

傍線引用者

梅雨時の話題に合わせて梅雨の話題で手紙の返事が届いた。また、教師の話しことば風な文末表現を真似して、児童Aもいつもの快活な口調で自分の誕生日をアピールする明るい表現も見られた。

児童Aの保護者から　時々「この文章おかしくない？」と聞いてきたりしますが、「自分が書いたままでいいと思うよ」と伝えています。

保護者から手紙を書いているときの様子を教えていただいた。実は一言一言ことばを確かめながら書いていることが分かった。手紙を書くことを通して、ことばに関する親子の温かい触れ合いも行われている。

【実践三　道具や正式な手法にこだわらず、自由で気軽に書く手紙】

児童Bも書くことが好きな児童であり、手紙のやり取りを通して筆まめな面を発揮した。当初から文章の中に用件や自分の思いを書き表していた。児童Bも手紙を多く書きたいと思っているが、手紙を書く時間を確保できなかったり書く内容を見つけられなかったりしていた。そこで、一筆箋に日記風に手紙を書いて示した。

教師の例文

① 先生も手紙を書く時間をなかなかつくれません。それで、思いついたときに思いついたことを一筆箋に少しずつ書いてそれを手紙にしてみました。　二〇一八、六、一八　教師

② 会いに来てくれるということを聞きました。うれしいです、ありがとう。Bさんが来てくれるので心強いです。楽しい話がたくさんできたらいいですね。　二〇一八、六、一九　教師

児童Bの一筆箋

① 今日、教育実習の辞任式がありました。教育実習生の歌では、歌う人と楽器をする人がいて豪華でした。　九、二十八　B

② 今日、髪を切りました。じゅくのテストもありました。かんたんなミスをしたので、これから気を付けたいです。台風が来ませんように。　九、二十九　B

③ 今日は、たん生日です。学校は開学記念日で休みでした。ちなみに先生のたん生日はいつですか？　十、一　B

一筆箋にしたことで、日ごろのことを短く端的に書くことができている。封書に一筆箋が四、五枚入れてあることもあり、結果的にたくさんの文量を書くことができていた。日付が連続していることから、日記を書くことに似た愉しみを感じながら書くこともできたようである。児童Bとの手紙のやり取りの回数は最も多くなった。

教師の例文　放送コンクールのお知らせありがとう。今年は四年生も多数出るのですね。私は今のところ予定がないので見に行けると思います。がんばってください。（省略）百人一首の勉強法、承知しました。教えましょう。（省略）全部丸暗記は大変なので次のような覚え方をおすすめします。

傍線引用者

児童Bの手紙　百人一首の語呂合わせ表と、五色百人一首の一覧表を作って下さってありがとうございます。いまは、6つ覚えています。（省略）少しずつ覚えています。
先生の学校になわとび大会はありますか。

傍線引用者

児童Bの保護者から　一筆箋のお手紙をいただき、自分でも書いてみたら、簡潔に書ける手軽さがあったようで、書きやすいと言っておりました。また、行事などの出来事があるとスラスラと書きやすいようでした。私が思うには、お手紙のお相手が先生だったから楽しく取り組めたと思います。先生の存在が一番大きかったと子どもを見て感じております。つまり、誰に書くかは、大事なポイントだと思いました。

一筆箋は、添え文に使われるものだが、形式にとらわれず、道具を柔軟に使うことで自由さや楽しさが増し、児童の書く意欲や機会を広げることができることが分かった。

手紙は、特定の相手がいる文章なので、相手に相応するものでなければならない。児童Bとの手紙を通して、手紙の相手が児童であっても礼を失わず相手を敬う気持ち、真心をもって書くべきものであると改めて分かる。教室で手紙の書き方を指導する場合、低学年であれば丁寧語で書く指導からでよいと思われるが、中学年からは敬語を段階的に示し、使わせていく必要がある。手紙ではそれが求められる。

【実践四　教師も児童と共に楽しむ手紙文化】

児童Cも書くことが好きで手紙に言いたいことを端的に書き表す児童である。私が前任校を辞任する時も手紙をくれた。児童Cの手紙が私の研究のきっかけになった。児童Cは、私が好きなドラえもんの封書をよく使用してくれた。私がレターセットを配布しても、しばらくはドラえもんの封書を使ってくれた。相手に合わせて道具を使う姿勢が感じられた。私も手紙にシールを貼ったりイラストを描いたりした。文章だけではない手紙を児童Cの姿勢から学ぶことができた。

書く内容を見つけられずに困っているということだったので、児童Cが好きな宝塚歌劇団の見どころを手紙で尋ねた。以後は、その話題が児童Cの手紙の大部分となった。

児童Cの手紙

①　1宝塚歌劇団の見所　ダンスと歌です。（やっぱり全部かな）

②　今、宝塚歌劇団の劇場にいます。（省略）ダンスがすごかったです。わたしもがんばります。帰りたくないです。またトップスターさんにあいたいです。

③　私が好きな人がいるので宝塚歌劇団に来ました。（省略）まだまだ帰りたくないです。でも、帰ったら野球観戦です。楽しみです。

②と③の手紙は、兵庫県から出しているものである。児童Cが好きな宝塚歌劇団の劇場内には昔ながらの赤い丸いポストがあり、熱心なファンはファンレターをそのポストから送るそうである。児童Cは、そのポストから手紙を出すことにこだわってくれた。手紙文化とは、相手に合わせて道具を選ぶことであり、自分なりの手法で手紙を届けることであるということを児童Cは教えてくれた。先日、私は、博多駅隣りにあるハート形のポスト（エンジェルポスト）に児童たちに向けて手紙を投函した。私なりの特別な思いを届けることができた。

児童Cから運動会への招待状1

先生へ
運動会きますか?ぜひ きてください。じゅんとほの じゅんばんやソーラン節の場所を書きました。ぜひ運動会にきてください。

児童Cから運動会への招待状2

先生へ
　私は体づくり委員会です。それで私は開会式で前に出ます。ちなみに私のいろんな場所（の紹介）はこれで全部おわりました。運動会ぜひ来てください。

　二日続けて児童Cから運動会への招待状が届いた。児童Cは、二通の手紙に、私に運動会を見に来てほしいという願いを託したのである。私は、二日続けて手紙を出してくれたことに衝撃を受けた。手紙とは時間の共有と状況の確認であるが、それだけではなかった。私に運動会に来てもらうために、熱い思いで時間と手間をかけて手紙を送ってくれたのである。手紙にこのような出し方とこのような効果があるのかと手紙の力に驚かされた。

児童Cの保護者から

①　Cも楽しく、お手紙に取り組んでおります。とても良い経験だと思います。
②　先生とお手紙を通じて、交流できることを私としても嬉しく思います。Cも定期的にスケジュールを見て、自分から書いております。心の張りになっているようです。

　第二学年の国語教材に『お手紙』（アーノルド・ノーベル）がある。がまくんは、かえるくんからお手紙をもらい幸せになり、かえるくんはお手紙を書くことで幸せになる。手紙は、それを通して人と人のつながりを感じ合うことができるものであり、お互いに幸せをもたらしてくれるものである。

五　手紙の実践の成果とこれから

【成果】
・児童に手紙の愉しさを味わわせるためには、手紙のやり取りの中で共有する表現を持つと有効である。
・手紙は特定の相手がいるので、教師は相手に応じた敬語を児童に示し、適宜使わせることができる。しかし、それだけでは児童は書くことができないので、教師が日常会話や流行語など、様々な表現方法も示し、手紙の中で書き遊ぶような姿を示すことで、児童の書きぶりを広げることができる。
・一筆箋に書かせるなど、道具を工夫することで、児童は愉しみながら手紙を書き続けることができる。
・手紙のやり取りは、家庭で行われるので教師・児童・保護者が相互に関わることができる。そこには、その家の言語文化・手紙文化・躾や習慣などが生かされ、児童に引き継がれる。

【課題】
・手紙は、郵便を使うと手間と費用を要する。教室で行うには、道具の準備と学級内の約束が必要である。
・学級で手紙の愉しみを味わうためには、自分も相手も思い返し、お互いをつなぐ単元の設定が必要である。
・手紙で学んだことを電子メール等でも活用できる汎用性を見出したい。

【展望】
・今回の実践を通して、教師自身が手紙の愉しさを味わい、書くことがさらに好きになった。三名の児童との手紙のやり取りは、ことばのやり取りだけではなく、心のやり取りとなり、私にも児童にも幸せな時間とつながりをもたらしてくれた。これからの児童には、自分が関わる人に対して、相手のことを思い返し、相手に応じて自分らしい表現で書くことを愉しみ、手紙として届ける手紙生活を送ってもらいたい。電子メール等を使用することが多くなるだろうが、手書きの温もりを届けるよろこびを味わい続けてほしい。

（筒井　泰登）

④　地元に伝わる民話の教材化

教師の思い

方言については、家族でもたびたび話題になる。わが子がまだ小さい頃レストランで食事をしていたとき、母親が息子の食事した後のテーブルが汚れているのに気づき「前ば、拭かんね。」と話すと、いきなり前歯を拭き始めたことに大笑いした。先日は大学から戻ってきた娘が、友達がアパートへ遊びに来たときの話をした。「友達が来たけん『お茶ば飲む？』って聞いたっちゃん。そしたら『お茶ば？お茶ばって何？』て、聞かれた。『お茶を』飲むってこと」と説明した。重ねて「夜風呂上がりに『髪ばさばくけん』て言うたら『髪ばさばく？』『髪ば？』『さばく？もしかして魚…？』て聞いたけん、髪をさばくて説明した。そしたら『○○ちゃん、魚をさばく、髪はとく』って言われて、二人で大笑いした。」という話にまた家族で大笑いした。恥ずかしかったというのではなく、嬉しそうに話す娘の姿にほっとした。

全てが同じ言葉だったら伝わりやすく、便利であろう。ただそこにおもしろさ、愉しさ、そして豊かさはあるのだろうか。お互いの言葉を大切にしながら、言葉そのもの、そして言葉の背景まで思いをはせる人になってほしいと願う。味わい深さこそ方言の素晴らしさである。

一　これまでの実践（民話『かんね話』）

数年前まで担任として地元に伝わる民話の語り手を育てたいと考え、暗誦はもちろん、落語風にアレンジをして、地域の方々にそのおもしろさと児童の民話に対する思いを伝えてきた。児童は言葉のおもしろさ、「かんね」という魅力的な人物に惹かれ、語ること自体を愉しみにしていた。指導する自分もそんな児童の姿を学校、保護者、地域へと広げてきた。

担任を離れ、以前のような授業はできない。授業に出るのは、出授業、そして補欠授業くらいである。短い時間でも民話のおもしろさ、地域の言葉のおもしろさを伝えることはできないか。短い時間であっても、地元民話の愉しさを伝えられる、言葉の響きを愉しめる授業をしたい。児童の実態に合わせて教材を作り、実践を重ねることとした。教師の出張、年休の時、いつでも使えるように準備した。自習計画が決められているときには仕方ないが、何もないときには「お任せでいいよ。国語をしておくから。」「お任せでいかない？」と尋ねながら（半分はさせてほしい気持ちを前面に出して）実践を重ねた。

二　かんね話「どじょう汁」の実践

（1）教師のねらい
文章理解をねらいとする。まず教材文を作ることがスタートになる。複数の民話を読み比べ、児童の実態に合わせて書き換えていく。今回は、週一時間の図書の時間を使って実践をした。
（2）教材「どじょう汁」資料-1
あらすじ：稲刈りを終えた若者たちが、どじょう汁を作って宴会をしていた。どじょう汁を作っていると、かんねが通りかかった。豆腐を持っていたかんねを見つけた若者たちは豆腐を食べてやろうと思い、かんねを宴会に誘う。かんねはそれに気づかないふりをして宴会に参加した。どじょう汁が出来上がる頃になってかんねは「用事を思い出した」と自分の持ってきた豆腐をもらって帰って行った。かんねが持って帰った豆腐には、熱くてたまらずに豆腐に潜り込んだどじょうが入っていた。若者たちはどじょうを食べられずに、かんねが腹一杯どじょうを食べてしまった。

資料-1

①　伊万里のむかしばなし⑤　伊万里市民図書館ボランティアグループ30会（昔話を語り使える会）
②　伊万里ふるさと読本　第8集民話・伝説編　伊万里のはなし　伊万里市教育委員会
↓若者…かたせたくない。また騙される。こすかけんいれん。
↓かんね…だまして、どじょうを食べたい。
③　【唐津のかんね話】『日本昔話唐津かんねの昔』　冨岡行昌著～講談社
↓若者…かんねをだまして豆腐を食べたい。（かんねにばれている）
↓かんね…だまして、どじょうを食べたい。

（3）実践①　読み聞かせ

三つの資料いずれも読み聞かせだけでは、内容理解が難しい。とんちのおもしろさが伝わらない。普段耳にしない話言葉が文字化しており、言葉の意味を感じられない児童が半数におよんだ。内容理解ができない理由として①文章が足りない。（説明する文章がない）、②挿絵がない。視覚的に伝えられない。③生活レベルが全く異なる。（どじょうを食べるの？見たことない）④論理的思考が低い。（鍋は熱くなる↓熱くなるとどじょうは死ぬ↓豆腐は冷たい↓どじょうは豆腐の中に入る）論理的に考える事が難しい。そこで、①三年生でもおもしろさを実感できるように、教師が言葉を書き加え、挿絵を入れて、場面を想像できるように教材文を書き換えた。（次ページの資料-2）

（4）実践②　教材文の読み取り

「かんねさんはどんな人？どうしてそう考えたの？」の問いに左のような感想が出た。

※児童が考えた「かんね像」
・とんちの人：とうふにどじょうが入ると知っていて、それで急いで帰ったと思うから。
・かしこい人：かんねさんがとうふだけ持って帰ったから。どじょうが全部入っていたから。
・すごい人：とうふにどじょうが入ると知っていたから。

児童は「かんね話」のおもしろさを感じることができたと考える。読み聞かせをしているときにも、方言やかんねの行動描写等では笑い声が聞こえるなど、話のおもしろさが伝わっていた。内容の読み取りは挿絵、言葉の書き加えで、三年生も最初の読み聞かせで理解できた。さらに民話を「読む」「聞く」という受け身の学習ではなく、児童自身が民話の書き手になる授業を考えた。主体的に民話に自ら関わる取り組みである。

資料－２

第五話　かんねさんのどじょうじる汁

むかし、唐津ん町ん人たちゃ、ようかんねさんの話ばしよらした。今日は、そん話ばしてみゅうかなあ。

稲刈りんすむと、村ん若者たちゃぁ、若者宿に寄って、骨休みの宴会ばしよったて。こん日、若者たちゃは、田んぼのみぞばさろうち、どじょうばすくうて、どじょう汁ば作って、酒ば飲む習慣になっとったて。

「こぎゃん大きかどじょうのとれたばい。」

どじょうば取りに行った一人が言うと

「にょろにょろするけん、逃がさんごて、ごみば取らにゃあいかんぞ。」

て言うて、ていねいにていねいに洗いよったて。

「おれゃ、さといもば洗うけん。」

若者たちゃ、おのおのいもば洗うたり、湯ば沸かしたりしよったて。そこへ、かんねが豆腐ば二丁、竹ん皮に包んで通りかかったて。かんねどんな、若者に会わすと、えらかさすけん、若者どんなかんねどんば好（す）かんじゃったって。そんうえ、かんねどんなこすかけん、こぎゃんか時ゃ、何も持ってこじ、飲んだり食うたりさすけん、なお好かんじゃったち。そいがどぎゃん風ん吹きまわしか、豆腐ば下げちょらすけん、若者な、声ばかけたて。

「かんねどん、今からどじょう汁でいっぱいやるどん、仲間に入らんけ。」

「かんねどん、かたらんけ。」

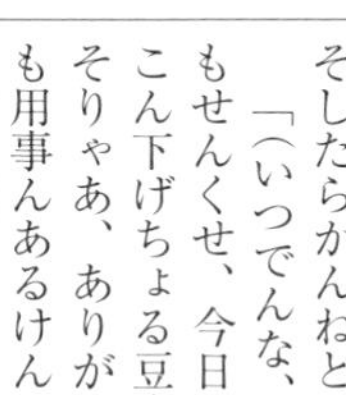

そしたらかんねどんな、

「（いつでんな、おいば毛嫌いして、誘いもせんくせ、今日はあいそんよかなあ。こん下げちょる豆腐んせいにちがいなか。）そりゃあ、ありがたかが、おりゃ他にも用事んあるけん、なごうは、つきあえんばい。」

「（こりゃ、よかな。かんねの早う帰るてばい。豆腐ば、たいそ食べらるっばい。）」「そうな。そしたら、よかごてせんけ。」

ち言うけん、かんねどんな少し考えとったばってん、

「ちょっとだけ、かたっていこうか。」

ち言うて、鍋んそばに座ったち。

そんうち、材料ん用意ができ、よかにおいんただよい始めたて。

「よかにおいんしてきたばい。そろそろどじょうば入（い）れんな。」

「いや、豆腐ば先に入れた方がようなか。」

「んにゃ、どじょうが先ばい。」

こぎゃんかやりとりんあったばってん、けっきょく豆腐ば入るることになったちゅう。かんねは、みんなが言うごて豆腐ば鍋に入れてかいすぐ、

「どじょうも入れんけ。」

ち言うたて。生きたまんまん熱か鍋に入れられたどじょうは、

ばたばたあばれち、鍋ん外に飛び出るともあったちゅう。

「早う、ふたばせんけ。」

そんうち、どじょうはおとなしゅうなっち、野菜も入れち、よかどじょう汁ん出来上がりかけたちゅう。

「ああ、よかにおいなあ。」

「すきっぱらん、ぐうぐう鳴りよる。」

「もう食べてようなか。」

　味噌ば入れち、そろそろ出来上がるころになって、かんねはすっ頓狂な声ば出さいたて。

「ありゃ、忘れとった。おりゃ用事のあっと、すぐに帰らんばいかん。」すると若者どんな、

「食わんで帰るとけ。そりゃ気のどっか。」

ち心配したふりばさしたちゅう。するとかんねどんな
「そんなら、おれん豆腐はもろち帰るばい。」

ち言わしたけん、若者はあきれち、

「豆腐ば、持って帰るてや。ぞうたんのごて。」

ち文句ば言うたて。そいどんかんねどんな、

「豆腐はおれが持って来たとばい。文句んあるけ。」

ちしゃあしゃあち言うてかい、ゆっくい豆腐ばすくい上げち、竹の皮に包うじ、

「そいじゃ、お先に。」

ち言うて帰ったて。

「なんば慌てて帰りよらすとやろか、おかしかなあ。」

若者たちゃ笑うて、どじょう汁でん食おうち、貝じゃくしで鍋ばすくわいたら、どじょうは一匹もおらんじゃったて。


「こりゃ、おかしかばい。おれんとには、どじょうん入っとらんばい。」

ち言いだしたちゅう。するとまた他ん者が、

「おれんとにも入っとらんぞ。どぎゃんしたこつけ。」

ち騒ぎ出したて。あがしこおったどじょうん一匹もすくわれんこつは今までなかったち。そんうち一人の若者が、

「分かったばい。こりゃ、どじょうん、鍋に入れられち、熱うして豆腐ん中さ、もぐりこんだつにちがいなか。」

「なんのこつない。」

「じゃっけん、どじょうは鍋ん中に生きとって、湯になって熱うしてたまらんけん、冷たか豆腐に入ってしもたち。そいけん、どじょうはみんなかんねの豆腐にもぐりこんでしもうたったい。」

ちおらんだちゅう。

「こりゃ、かんねにいっぱいやられたばい。」

「そいけん、かんねばかたすると、ろくなこたあなかて言うたじゃなかけ。」

ち言うたないどん、手遅れじゃったち。

そん夜、かんねどんな豆腐にもぐりこんだどじょうば、腹いっぴゃ食べたて。

　今日は、こいくらいにしとこうかね。

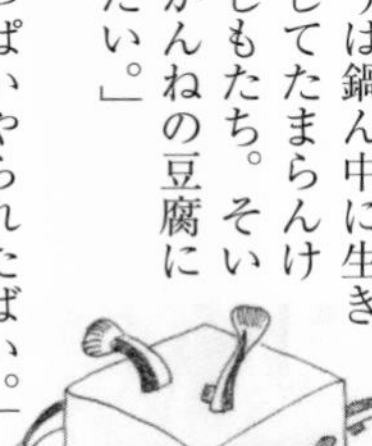

※若者（わっかもん）
※若者宿（わっかもんやど）若者たちの集会所

（5）実践④　主体的に関わる実践

言葉の違いに気付く段階、言葉を方言に書き換える段階、方言を使い自ら文章を書く段階を考え、教材を作った。

教材「どじょう汁」は、前述の教材文の会話文を四カ所共通語に書き換え、さらにかんねに騙されたことに気付く若者の台詞を空欄にした文章を教材とした。

本教材で使う言葉は「おれは、さといもを洗うから。」「そうですか。それなら、いいようにして下さい。」「いいや、どじょうが先ですよ。」「食べないで帰るのですか。それは気の毒だなあ。」の四カ所である。全ての児童が前後の方言と比べたり、自分たちが使う言葉を思い出したりしながら、違いを見つけた。

資料－3

「おれは、さといもを洗うけん」

「おりゃ、さといもば洗うけん」

「おいら、さといもば洗うば」

「おらは、さといもば洗うけん」

「おいは、さといもば洗うけん」

「おりゃ、さといもば洗うばい」

「おれは、さといもを洗うけん」


「食べんで帰るとね。そりゃあ、気のどっかねえ」

「食べんで帰るとね。そりゃあ、気のどくやなあ」

「食わんで帰りんしゃるとか。そらあ、気のどっかばい」

「食べんで帰るとや。そりゃあ、気のどくや」

「食わんで帰るとね。それは、気のどくか」

「食べないで帰るんか。そりゃ、気のどくな」

「食べんで帰るんか。そりゃ、気のどくやなあ」


右の資料は「おれは、さといもを洗うから。」と「食べないで帰るのですか。それは気の毒だなあ。」を書き換えた文章表現である。助詞の「を」が「ば」に変わること、語尾が「ん」に変わることに気づき、書き換えている。教材文を見ながら、また「おばあちゃんの使わすもんね」などと話しながら、書き換えていった。元の文章はあるが、どれが正解というものはなく、児童のいきいきとした言葉遣いを感じた。

資料-4

「分かったばい。かんねのせいにちがいなか」

「でも、どがんしたとや。どじょうはどこや」

「たぶんどじょうは、かんねの豆腐にもぐったんや」

「はあ、なんでや」

「たぶんかんねは、家から持ってきた豆腐を冷たくしたんや。やっけんどじょうが豆腐にもぐったんや」

すると若者達が
「かんねぇ」


「分かったばい。どじょうばなべん中にいれたやろ。どじょうは外に出とった。そんときどじょうは熱うして豆腐にもぐったんや。そいを見たかんねどんはあわてて豆腐を持って帰ったんや。」

最後に、騙されたと分かったときの若者の台詞を書き込んだ。元の文章は「分かったばい。こりゃ、どじょうん、鍋に入れられち、熱うして豆腐ん中さ、もぐりこんだつにちがいなか。」「なんのこつない。」「じゃっけん、どじょうは鍋ん中に生きとって、湯になって熱うしてたまらんけん、冷たか豆腐に入ってしもうたち。そいけん、どじょうはみんなかんねの豆腐にもぐりこんでしもうたったい。」である。児童は、鍋に入れられたどじょうがばたばたあばれて飛び出たこと、かんねが豆腐にもぐりこんだどじょうを腹一杯食べたことを手がかりに、若者の台詞を考えていった。資料-4は児童が書いた文章表現である。会話文として若者のやりとりを書いた児童、一人の言葉として書いた児童それぞれだった。「分かったばい」「やっけん」「そいば」などの言葉は、日頃児童の会話にも度々出てくる。四回の書き換えを行い、レベルアップを図ったことも児童がスムーズに書けた要因である。民話全体をとらえて、方言を自由に使いこなしながら書いていることが文章表現から理解できる。書いている児童の表情も文章から感じることができる。

(3)　授業後

授業後、担任から「子どもが、昨日の授業のことを日記に書いていました。」と見せてくれた。話の内容を理解

した上で、かんねがずるい人だと述べている。一時間の学習であったが、とんち話のおもしろさを感じている。（資料-5）

三　民話（話）、そして方言（言語）指導の再構築

一時間一時間を有効に使い、児童の言語力を伸ばそうと民話の教材化を目指し、方言等の指導をした。気軽に児童の関心が高まるようにと取り組んできたが、地元教材を読み深めるために民話や方言の指導を再構築する必要性があると感じた。六年間を見通した実践が必要である。文章のほとんどが共通語で書かれていながら、そこに方言があるからこそ味わい深い。児童の日常言語生活を豊かにするためには、地元に伝わる話や方言の指導は欠かせない。目指す児童の姿（六年間の学習後の姿）として、次の三点を考える。

・地元に伝わる話や方言に親しみ、日本や世界の民話を読み進めようとする児童
・地元に伝わる話を正しく伝えたり、その時代に合わせて作り替えたりして愉しむ児童
・方言の良さを理解し、地元の話を語り継ごうとする児童

このような児童に育てるため、次のような系統的な指導を大切にしたい。

（1）方言を知り、民話を愉しむ

教室では、「正しい言葉を使いなさい」とよく指導されている。

資料-5

> 五時間目　5年児童
>
> 今日は、教頭先生と「かんねさんのどじょう汁」というお話を勉強しました。
>
> お話は、稲刈りが終わった若者たちが田んぼの池でどじょうをすくって酒を飲んでいて、若者たちがどじょう汁を作るとかんねが聞いて、どじょう汁を食べにくる話です。
>
> かんねさんは、どじょう汁を食べにきて、とうふを使ってどじょうをぬすみました。どうやってぬすんだかというと、どじょうは熱くてたまらないから、冷たいとうふの中に入ってきたので、とうふごと持ち帰ったのです。ぼくは、かんねはずるい人だと思います。

しかし、児童が日常で使っている言葉は学習ではなく、日頃の生活から学んだ言葉である。それは家族や地域、そして先祖から伝えられてきた言葉である。そのような言葉を扱う授業は目にしたことがない。あえてそこに目を向ける。冒頭に紹介したたわいもない家族の会話。それが十分に教材として活用できる。共通語と方言を比べたり、児童と祖父母の言葉を比べたりしながら、その感じ方の違いを考える。どちらの言葉がいい、悪いというのではなく、それぞれの良さを感じながら言葉を大切にする。また、民話や昔話については、低学年から十分に読み聞かせをすることが大切である。日常の会話から方言という言語に着目させ、読み聞かせにより文章やお話に親しませる。

（2）方言の特徴を知り、民話を読み広げる

地元に伝わる民話を読んでいくと共通点があることに気づく。唐津の方言で言えば助詞の「～を」が「～ば」に、「～しない」が「～せん」で表現される。また自分を表す「わたし」が、「おい」「わい」「おりゃ」と多くの言葉で表現される。また、物事がなくなれば消えてしまう方言もある。このような表現に目を向け、方言辞典などを作成するのも有効な指導である。地元の民話は教科書のように学年を考え書かれていない。ここで学年に応じた話を教師自身が作ることが必要になる。実践でも述べたが、地元にある様々な資料を生かして、児童が理解できる、そして愉しめる話作りに取り組む。似た話のある大分県の「吉四六話」や熊本県八代市の「彦一話」へと読み広げにもつなげたい。

（3）方言を生かし、民話を語る

方言や共通語を相手や目的、そして場によって使い分けることができるようにする。言語生活が豊かになり、使う言葉にも正しさや奥深さが出てくる。日常で使っている言葉、今も使われている方言、今風にアレンジできる言葉を駆使し、民話や方言と主体的に関わる。自ら方言や民話の作り手、語り手となる。昔の人の心に添って話を作ったり、今の生活に会わせて書き換えたりすることで、地域文化の担い手ともなれる。

四　成果と課題

地元に伝わる民話の教材化を目指し、教材作りから指導法まで実践、改善を繰り返してきた。その結果、次のような成果と課題を見つけることができた。

（１）実践を通しての成果

・地元に伝わる民話を教材化するには、今も生活の中に残っている言葉、すでに使われなくなった言葉をどのように児童に伝えるか。言葉に説明はもちろん、言葉と挿絵を関連させたり、複数教材を組み合わせたりすることが文章を読み取る際の手助けとなる。今後、教材となる民話の掘り起こしが必要だと考える。

・短時間であっても、児童の実態をつかみ、教材に手を加えることで、言葉を読みとる力がつく。かんね話の読み比べ、他の民話との読み比べなど多くの指導に広げることもできるだろう。

（２）これからの課題

・地元民話の良さを痛感した。児童が「おばあちゃんのよく使わす」「こん前、こんなことば言いよらした」などの話を聞くと、児童も生活の中に溶け込んでいるそれらの言葉と共に生きていることが窺える。そんな言葉を使って授業を作る。「この地域だから、この学校だから」学べる、そんな国語の授業を作っていきたい。

・その地域に伝わる民話だからこそ、学べることも多々あるのではないか。今回の実践は「言葉に親しむ」「言葉を愉しむ」が目標だったが、さらに多くの民話を通して、地域の学習へのアプローチを試みたい。また、方言語彙の共通語化で、言語感覚が磨かれていくことも大切にしたい。

展望

地元に伝わる民話は、これからも語り継がれていくのだろう。それは民話が地域の文化として根付いているからに違いない。これからも地元民話の魅力を児童、保護者、地域にはもちろん、特に指導する立場の教師にも伝えられるように教材を開発し、更に多くの指導法を提供できるように積み重ねていきたい。すでに次は「鴨とり」の教材化を考えている。解釈力の向上が期待できるのが愉しみである。

（中村　謙輔）

4　愉しみを生かす誘い

一　児童と教師の姿

1　児童

児童は話すことが好きである。しかし、書く場面になると、ピタッと鉛筆が止まる。何を、どのように書いたらいいのか分からない児童が多い。日記では、「おもしかった」「たのしかった」など、決まった表現しか使わない児童がいる。自由に書いていいと言われたら、何を書いていいのか一行目から考え込んでしまう。

2　教師

教師は、児童が書くことは大事だと思っているので、日記や行事作文など、授業や宿題で書く活動を取り入れている。しかし、具体的に題材の選び方、書く内容の吟味のさせ方、表現方法など、十分な指導には至っていない。

二　愉しみを「生かす」授業づくり

1　目標

中心となる身につけさせたい力は、「オノマトペや比喩など言葉を駆使する力」である。それ以上に、教師も愉しみながら言葉を使うことで心豊かに育つ児童を育てたい。児童と教師が楽しんで文章を書き、お互いの書いた文章を楽しむことを大切にしたい。

2　計画

次の四点を大まかな方法とし、各学年、各クラスの実態に応じて研究を進める。級外は、その役職の中で「書く」場面を見つけ、意図や方法を明確にし、実践に結び付ける。

・方法① 生活作文、日記等宿題に出して、書いてきた児童の作文を分析する。

・方法② 表現方法が乏しい作文を、感情語、接続語、修飾語等を学年に応じて使えるようにする。辞書や他の作品から集める＋教師も探して児童に提案する。

・方法③ 「書く」行為に生かす。「書かせたい理想の文章」、「取りかかりとしての意欲付けの虫食い文章」、「不足気味の教師作成例」を意図をもって書く。

・方法④ 授業等で児童に書かせ、以前と比較し生活に生かす。

3 実践

第二学年では「比喩表現」、第三学年では「出来事の中心」、第六学年では「説得の工夫」「川柳の言葉吟味」を中心に指導した。物事を認識し、解釈する力を育てる。

4 発展・活用

日記や作文から把握した言葉の現状を、授業を通して改善し、生活の中で使えるようにしたい。また、高学年では、学校外への広報活動など、書く活動を教室から校内、校外へと発展させたい。

わたしのおじいちゃん

わたしのおじいちゃんは、いま、Tびょういんににゅういんしています。

だから、ほんとうのかぞくの人ずうは、七人なのに、おじいちゃんがいないから、六人です。おじいちゃんがいないとさびしいです。

このあいだのバレンタインデーの日も、チョコレートをもって、おみまいにいきました。

「おじいちゃん、さびしいからはやくかえってきてね。」

というと、おじいちゃんが、

「でも、きつかけん、かえーきれん。」

と、いつもいいます。

「もう、じいちゃんのごというぎんちゃ、こんけんね。」

というと、

「わかった、こんどこそすわっとくぞ。」

わたしは、それをきいてとてもうれしくなりました。

※ 児童に書かせたい作文例（昭和六十一年第一学年児童作品）である。波線のように祖父への思いやりの言葉や、孫に言われたからこその返事の中に、心の通い合いを感じることができる。自分の経験談をもとに、その時の気持ちを素直に書いている。

（橋本　幸雄）

---

①　比喩表現を使って作文が楽しく書ける作文指導

一　児童の作文の実態

本学級の二年生は、読書量が多く、「読むこと」に関する素地が育ってきている。授業中の説明文や物語文の読み取りについても、的確に読み取れている児童が多い。また、授業中の音読の声が大きく、発表する児童も多い。しかし、作文を書くことはあまり好きではない。一回に書ける量も少なく、一年生のころに作文や日記を書いた経験も少ない。また、日記の内容は、「〇〇しました。」が多く、気持ちも「楽しかったです。」「うれしかったです。」という表現が多い。オノマトペ・比喩表現についても、作文の中で使っている児童はいなかった。

次の文はクラスで音読発表会をした後の感想である。

「大きなこえでまちがえないようにいいました。ほかにもあります。はずかしがらずにいいました。」

この感想では、事実のみを並べて書いており、気持ちを表す言葉、「～のように」などの比喩表現などは見られない。また、クラスの全体としても、同じように言葉の種類が大きく偏っていた。

その原因として考えられること。

A　**何を書いたらいいのか、わからない。…題材設定のつまずき**
（ある子は、毎日昼休みにサッカーをしたことばかりを書いてくる。）

B　**どう書けばいいかわからないので、自信をもって書けない。…構成・検討のつまずき**

C　**表現する楽しさや、おもしろさに出合っていない。…交流の必要性**

以上のことから、語彙に乏しい児童の作文力を身に付けさせるために、教師例などを参考にさせ、言葉の数を増やすための練習学習を計画した。

二 目標

児童の実態から、日常的に書くことを愉しみ、オノマトペや比喩などを駆使する語彙力をつけることを目標に設定する。以下、これらを「言葉の工夫」と叙述する。

A・B・Cを解決する手立てとして、次の1～5を考えている。

1 テーマを与え、書く題材を明確にする…A・C
2 「言葉の工夫」を集めさせる…B・
3 友達の作品を読ませる…A・B・C
4 表現のおもしろさを感じ取らせる（二学期の実践）…B・C
5 他教科で「言葉の工夫」を生かせるようにする（三学期）…C

三 計画

年間を通じて書く力をつけさせるために、次のような一週間のサイクルを作った。全て児童の作文帳を使う。

火曜日…視写
水曜日…テーマ作文
金曜日…自由作文

基本的には宿題で書かせる。このサイクルを繰り返すことにより、視写で教科書の語句や文章の構成に慣れさせ、それを水曜日のテーマ作文や金曜日の自由作文に使うことができる。以下、取り組み方法を述べる。

四　実践

1　視写

読むこと・書くことが苦手な児童も取りかかりやすいよう、基本的に教科書既出の文章を書かせる。作文帳を見開きで使い、右ページに教師の手本を貼り付け、左ページに児童に視写させる。これによって、原稿用紙の使い方にも慣れさせる。※図1

2　テーマ作文

まだ二年生なので、取りかかりやすいように「好きな〇〇」というテーマを数多く与えた。指導者がテーマを考える参考資料として、谷川俊太郎著『すきノート』（アリス館）を活用した。

第一回目の指導として、以下のような教師の例文を提示した。「好きな野菜」というテーマである。

ゴツゴツしたやさい

三上　ありさ

わたしのすきなやさいは、ゴーヤです。にがいからきらいと言う人もいるけれど、そのにがみがすきです。夏バテにつよい体をつくってくれるそうです。今年もゴーヤチャンプルーをたくさんたべます。夏がたのしみだな。

ししゃ⑦ていねいに書こう！
たとえることば③
9月 27日 火曜日（　）
「スイミー」三のばめんつづき
さがほのか
ドロップみたいな岩から生えている、
こんぶやわかめの林。
うなぎ。かおを見るころには、しっぽ
をわすれているほど長い。
そして、風にゆれるもも色のやしの木
みたいないそぎんちゃく。スイミーは、
だんだん元気をとりもどした。
やりかた①うつします。②見直《なお》しをします。
だい名
じぶんの名前

図1　教師が書いた、視写の手本

次の文は、児童が書いた『すきノート』の文章である。

（出来事や経験したこと…棒線、オノマトペ・比喩表現を使っている部分…ゴシック体）

わたしの好きなくだものは、パイナップルです。あじは、あまずっぱくて、いろは、**きいろにちゃいろがまざったみたいないろ**で、とってもおいしいです。

わたしは、パイナップルとおなじあまずっぱいたべものがだいすきです。

でもあんまりにとってもすっぱかったら「すっぱーい」とさけんでしまいます。

パイナップルのはっぱの形がかみのけにみえます。

このように、自分の好きなものを何かに例えて書いたり、かぎかっこを使って文を書いたりすることができるようになってきた。また、この取り組みから、次のテーマをわくわくしながら待つ児童が増え、楽しみながら書けるようになってきた。

3 言葉集め

比喩表現やオノマトペのバリエーションを増やすため、教科書の単元「ようすをあらわすことば」で、教師の間違った例文を提示し、言葉集めをした。

（1）教科書の例文「雨がざんざんふっている。」を提示しながら、小雨の写真を見せた。児童はすぐに言葉が適していないことに気付き、「ざんざん」の部分を他のものに変えた。さらに、どんな感じがするか発表させた。そして、様々な様子を表す言葉があり、多彩な表現ができることを知らせた。また、児童たちにも穴埋めで「雨が（　　　）ふっている。」に入る言葉を考えさせた。長い文をたくさん書くのが苦手な児童もいたため、穴埋めにし、オノマトペだけに集中して考えられるようにした。

（2）言葉集めをした。これも穴埋めである。風や太陽は、どんな感じがするか問い、穴埋めの文を一人一文書かせた。以下のような文ができあがった。

（例文…風が（　　　　　　）ふいている）
（強い風をあらわす言葉）
風がビュービューふいている。
風がたいふうみたいにふいている。
風がざわざわふいている。
風がビュンビュンふいている。
風がごうごうふいている。
（少し弱い風をあらわす言葉）
風がヒューヒューふいている。
風がさわさわふいている。
風がスーッとふいている。
風がソワソワとふいている。

（太陽を例えてみたらどんな感じがするか）
たいようが、メラメラなっている。
たいようが、ぴかぴかだ。
たいようが、まぶしく光っている。
たいようが、目をあけられないほどまぶしい。
たいようが、赤くひかっている。
たいようが、いんせきみたいにあつあつだ。

それまで作文の中で比喩表現・オノマトペが使えなかった児童も、すらすらと書くことができた。また、「～みたいに」「～ほど」という表現も見られる。これは前日の視写で出てきた言葉である。教科書教材で視写した言葉を自分で使いこなせるようになっている。

五　児童の作文の変容

「ようすをあらわすことば」の学習をした後に、作文の宿題を出した。すると、それまで比喩表現やオノマトペを使っているのが五人ほどだったが、十人に増えていた。文の中で使うということは少し高度だが、表現のおもしろさ・よさに気づいている児童がたくさんいるように感じた。

六 成果と課題

教師が例文として使った「言葉の工夫」が、どんどん児童に広がり、児童の作文の技能が向上していった。学級の児童、二十八人のうち五人ほどは、長期休暇用の作文帳を準備し、文章で記録することに楽しみを見出していた。様々に考えやってみた取り組みだったが、教師が書くことで児童に力がついていく様子に楽しみを感じた。

しかし、課題としては二年生の語彙指導において、どのような語彙をどの程度身につけさせるのか、目安となるものがなく、難しかった。また、一度使った語彙をどのように継続して使わせるのか、また身についたと判断するのか、今後指導法について学びたい。また、教師は語彙をつけさせることを意識して指導したが、状況に応じて一番適する言葉を選ぶことは、二年生にはまだ難しいと感じた。

七 展望

新学習指導要領解説によると、低学年の内容には、「言葉には、事物の内容を表す働きや、経験したことを伝える働きがあることに気付くこと」とある。見たものや事実を比喩表現・オノマトペを使って表現することで、児童の言葉は広がり、楽しんで文章を書くことができるようになるものと考える。また、これが基盤となり、中学年以上では「言葉には、考えたことや思ったことを表す働きがあることに気付くこと」の内容に生きていく。低学年から中学年へ、そのときの課題に準じながら、系統立てて指導していきたい。

（三上阿利佐）

②　ことば比べを愉しみ、出来事の中心を伝える作文指導

一　単元名

夏休みの思い出文集を作ろう「心にのこったことを」（東京書籍　三年）

二　児童の実態

本学級の児童は、書く学習に対して意欲的に取り組んでいる。紹介文、説明文、報告文の文種を扱い、学級作文集にまとめてきた。週末には作文課題も出している。毎週異なる題材で二百字程度を書いており、主に生活文を書いている。

「書くこと」について、「初めに」「次に」「最後に」等、順序を表す表現を使って書くことができている児童は多い。しかし、出来事を羅列的に書くだけで感情表現が無かったり、「うれしかった」「楽しかった」等の決まった表現を多用したりする児童も多い。読み手に感動を伝えたいという意識が薄く、冗漫な文章になりがちである。

教研式標準学力検査ＮＲＴにおいて、書く能力は全国比でやや高い水準にある。しかし、文章全体の順序を問う問題に関しては、全国比で極端に低くなっている。本教材で、どんなことをどんな順序で書くかを考え、構成力も育みたい。

三　目標

夏休みの思い出の中から友達に伝えたい出来事を決め、出来事の中心がよく伝わるように、事柄ごとに段落を組み立てて書くことができる。（書くこと　イ・ウ）

四 学習過程

1 学習の流れ（傍線部は本教材における重点指導事項）

① 伝えたいことを決める。 ② 出来事をくわしく思い出す。 ③ 一文ずつメモを書く。
④ 会話文、感想等を付け加える。 ⑤ 文の順序を考える。 ⑥ 段落を組み立てる。
⑦ メモを基に作文する。 ⑧ 誤字脱字、形体を校正する。 ⑨ 感想交流を行う。

2 主な手立て

① 担任の夏休み作文を紹介する。 ② 付箋にメモを書かせる。
③ 付箋を並び替えながら組み立てを構想させる。

五 授業の実際

1 担任の夏休み作文を紹介する

単元の導入で、担任や児童の夏休みの思い出を語り合った後、担任の夏休み作文（時系列順に出来事を羅列したモデル）を紹介し、感想を尋ねた。上手に書けているという反応があったところで、書き手が一番思い出に残っていることは何か尋ねた。児童によってばらばらな出来事を挙げたところで、工夫モデルを提示した。次ページの工夫モデルにおけるアルファベットとゴシック体部分は、児童に意識させたい工夫である。

◎ 出来事の中心を書く

A 題名　B 書き出し　C 五感表現　D オノマトペ
E 比喩表現　F 会話文

初め	中	終わり
Aしかのお食事（工夫モデル） **BF「ほら、見て見て。海の上に鳥居がうかんでいるよ。」** 八月十九日、わたしは家ぞく三人で宮島に行きました。宮島は広島県にある島で、フェリーにのってむかいました。	島におりると、あたり中に野生のしかがいて、のんびりくつろいでいました。人間をこわがらず、近づいてのど元をなでてやると、気持ち良さそうに、**Cクーっと鳴きました。Cかたくてざらついた毛は、Eまるでたわしをなでているようでした。**一才七か月になるわたしの子どもは、おくさんのひざにだきついたまま、ぽかんと見ているままでした。 その後、一時間ならんであなごめしを食べ、いつく島神社をかん光しました。いつく島神社は、**E海の上にうかんでいるようで、**とてもうつくしかったです。 のんびりすごしたかえり道、また野生のしかに出会いました。りっぱな角を持つオスじかが、足をおりまげてゆうがにすわっていました。わたしはチャンスと思い、子どもの手を引いて近づきました。おくさんにカメラをあずけ、 **F「ほらほら、ひろくん行くよ。」** と、おどけながらしかに近づきました。 その時です。はなすじを**Dぴくっと**動かしたかと思うと、しかが立ち上がってわたしにすりよって来たのです。大きな角を左右に**Dふりふり、**しかがわたしのせ中に回りこんできました。おくさんや子どもを心ぱいさせないように、笑顔のままにげようとした次のしゅん間、**Dぶるっと**一声鳴くと、しかがわたしのリュックにかみついて引っぱったのです。 **F「おわっ。何だ何だ。」** しかは、**Cんふーんふーと鳴きながら、**リュックにさしていた地図をうばい取りました。そして、**Dむしゃむしゃ**食べ始めたのです。内心とても**Dドキドキ**しましたが、き重な体けんになりました。お食事をつづけるしかに手をふって、宮島をあとにしました。	かえりのフェリーの上で、カメラにうつったわたしの顔を見ると、まゆ毛が上がりほっぺたが引きつっていました。それをおくさんと一しょに見ながら、**Dけたけた**わらいました。とても楽しい広島りょ行でした。

初め	中	終わり
広島りょ行（時系列順モデル） 八月十九日、わたしは家ぞく三人で宮島に行きました。宮島は広島県にある島で、フェリーにのってむかいました。	フェリーの上では、しおのにおいがして、海の風が気持ち良かったです。 島におりると、あたり中に野生のしかがいました。近づいてのど元をなでてやると、気持ち良さそうでした。一才七か月になるわたしの子どもは、ぽかんと見ているままでした。 さいしょに、一時間ならんであなごめしを食べました。たれがしみこんでいて、とてもおいしかったです。 次に、いつく島神社をかん光しました。いつく島神社は、海の上にうかんでいるようで、とてもうつくしかったです。 さい後に、宮島水ぞく館に行きました。イルカショーで見た、イルカの大ジャンプが心にのこりました。 かえり道で、また野生のしかに出会いました。わたしが子どもの手を引いて近づくと、しかがリュックにかみつき、地図をうばい取りました。とてもドキドキしました。	かえりのフェリーの上で、カメラの写真を見ながら、おくさんと一しょにわらいました。とても楽しい広島りょ行でした。

二種類のモデル作文を読み比べ、児童は、「◎鹿のことがたくさん書いてあるから、一番の思い出なのだ」と気付いた。また、工夫モデルの良さを尋ねると、次のようなものが挙がった。文章量が多い。A題名が違う。B書き出しが会話文から始まっている。CDE表現している言葉が上手。これらの気付きのうち、学習のめあてとして、特に◎を取り上げて、「書きたいことをくわしく書いて伝える」という目標をもたせた。その他にも、Bの気付きから、「書き出しを工夫しよう」やCから「五感を使って表現しよう」も目標として提示した。その後、学級全員の夏休みの思い出を作文集にすることを伝え、学習課題「夏休みの思い出をメモに書き出し、メモをならびかえながら順番を考え、思い出文集を作ろう。」を設定し、以降の学習の見通しをもたせた。

なお、この二種類のモデル文は、その後の学習のなかでも一部を抜粋して比較させ、よりよい表現について考えられる手立てとして活用した。

2　付箋にメモを書かせる

書くための材料を集めさせた際、夏休みの思い出を、二色の付箋に思いつくまま書き出させた。感情表現の言葉を使えるように、黄色の付箋には「したこと、見たこと、聞いたこと、話したこと」を、ピンク色の付箋には「感じたこと、考えたこと」を、長くならないように一文ずつ書かせた（**写真1**）。その際、モデル文を抜粋して示しながら、五感を用いたメモ作りを意識させた。

多くの児童は、はじめは黄色の付箋に、羅列的に出来事を書き出すだけだった。しかし、色のバランスが悪いことから、自分の思いも付け加えようと、ピンク色の付箋を増やしていった。

また一文ずつ書かせたことで、文が長く繋がりがちだった児童

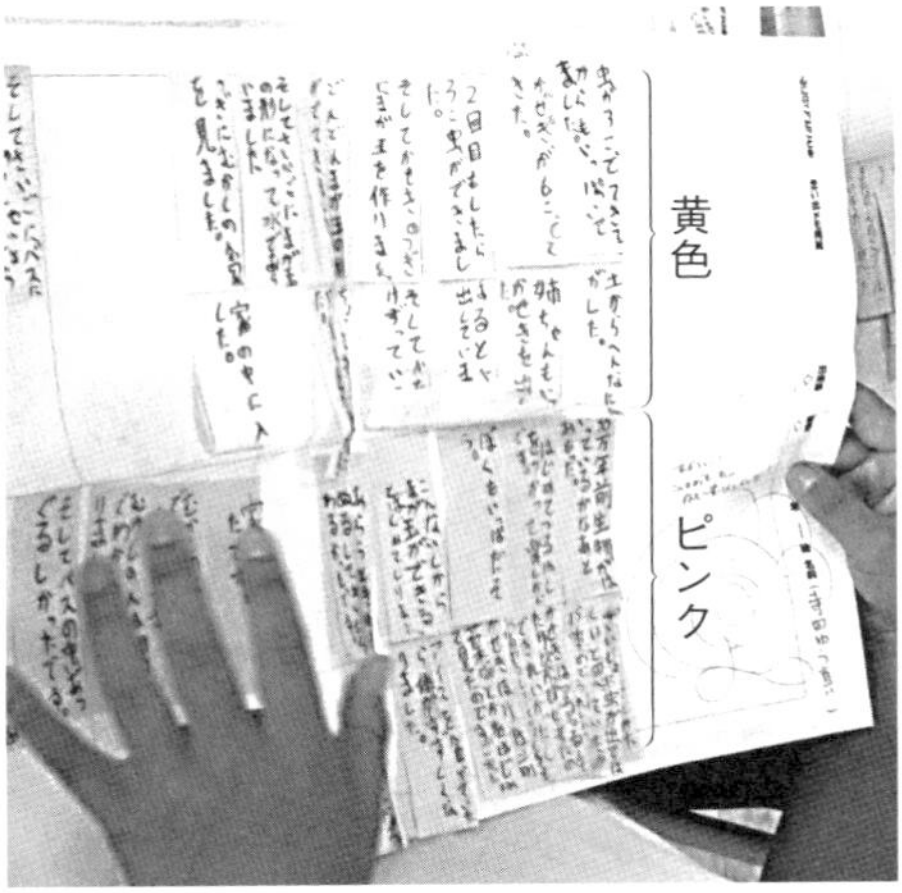

写真１　黄色とピンク色の付箋メモ

も、文を区切りながら書くことができた。付箋の枚数が増えていくことに喜びを見出しており、たくさん思い出して付箋を増やそうとしていたのも良かった。

3　付箋メモを並び替えながら組立てを構想させる

付箋にメモを書き出させた後、それを「初め」「中」「終わり」を意識して並び替えさせた。その際、担任が黒板でモデル操作を行い、どの付箋をどのような順番で並べたらよいか、不要な付箋を外したり必要な付箋をつけ足したりしながら考えることを示した。（**写真2、写真3**）。

続いて、自分が伝えたい部分がある段落がくわしくなっているか振り返らせ、また友達同士で読み合い、よく分からない部分を質問し合わせた（**写真4**）。「どんな気持ちだった。」「例えば、どんな感じ。」といった、語彙の広がりに繋がる質問が出ていた。また伝えたい部分に新たに付箋を増やしたり、不要な部分は付箋を剥がして捨てたりする等、自主的な改善が見られた。

写真2　モデル操作

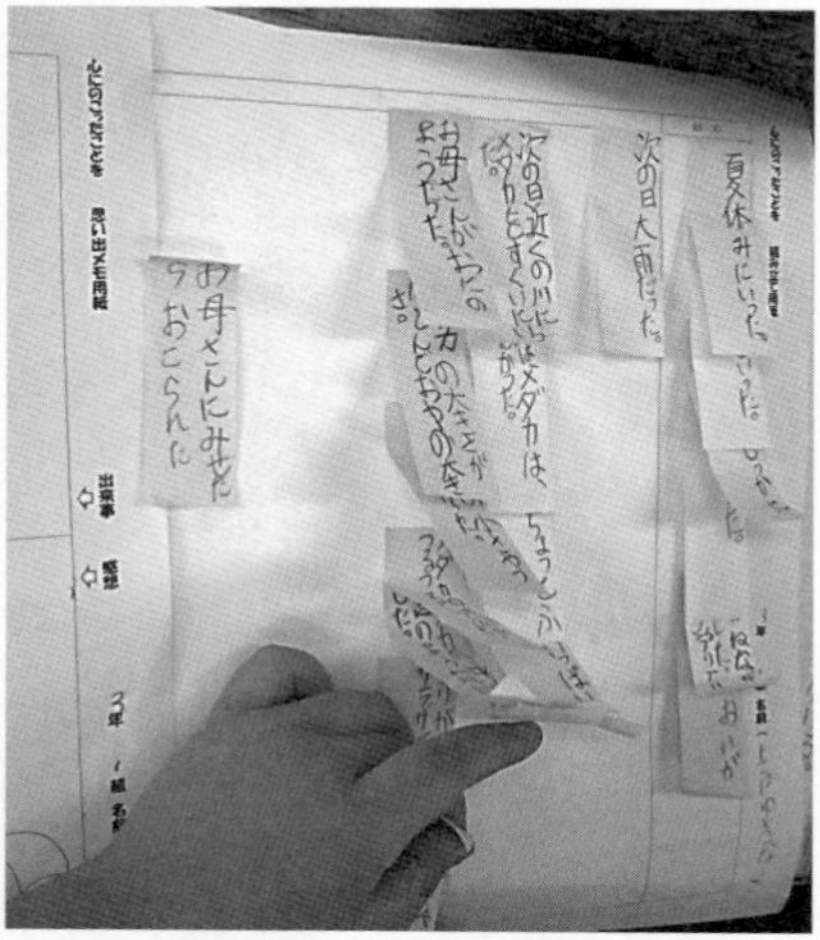
写真3　付箋を並び替える様子

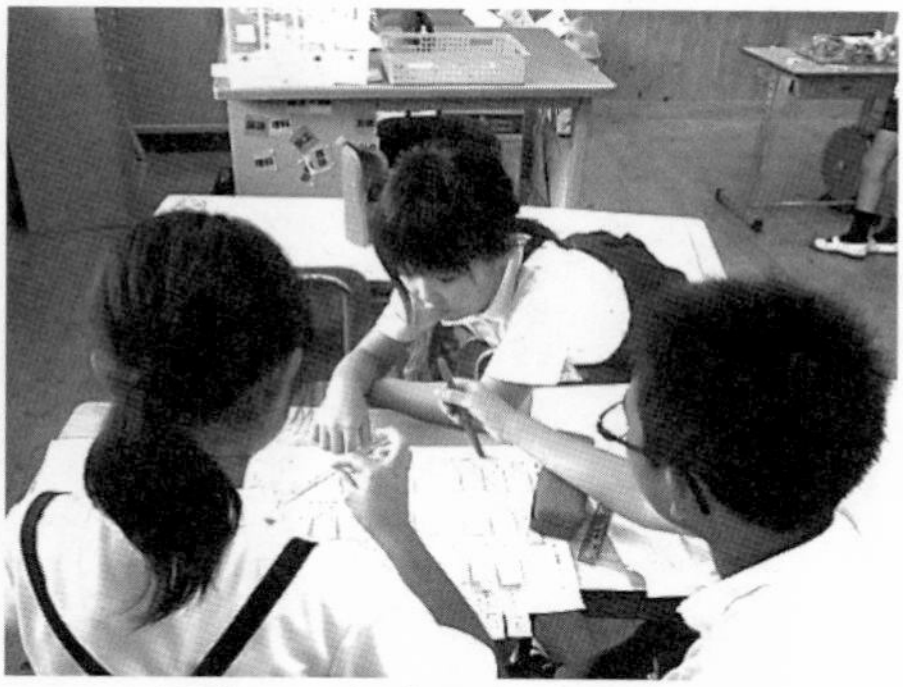
写真4　友達同士の読み合い

六 児童の変容

モデル文を書くとき、私は「こんな構成を使ってほしいから、こう書こう」や「この表現は意識してほしいな」等と考えている。その行為がとても愉しい。単元で児童に身に付けさせたい構成や表現を使い、うまく書けたときは達成感が大きい。しかし、そういった工夫を凝らして書いたモデル文を基に、児童の作文が変わったときは、なお愉しいものである。

ここからは、抽出児童Sについて見ていく。児童Sは、本学級において比較的理解力が高い児童である。しかし、書くことにおいては、特別抜きん出た力をもっているわけではない。

1 児童Sのメモと作文

本単元学習において、児童Sは、遊園地に遊びに行ったときのことを書いている。伝えたい中心はジェットコースターのことだったが、他にも迷路やアイス、アスレチックのことも付箋にたくさん書いていた。しかし、並び替えを行うなかで、一番伝えたいジェットコースターのことに重点を置くために、他の付箋を外していっていた。その後、一人で思い出したり友達に質問されたりする中で、ジェットコースターに乗ったときの詳細を付箋に書いて付け加えていた。

児童Sのメモと作文は次の通りである。メモと作文を見るうえで、注目したいのは、自分が最も伝えたいジェットコースターのことを、題名の工夫とともに、段落構成のなかでも一番くわしく書いている点だ。自分の気持ちを表している部分が多く、五感を用いた表現も見受けられる。

※メモの白抜きはピンク色の付箋、作文中のゴシック体部分はモデル文による効果があった箇所を意味している。

初め

八月十七日に家ぞく四人で、かしいか園に行った。

「うわあ、おもしろそう。」

中

ジェットコースターにのった。

お父さんと妹とのった。

百人くらいならんでいた。

ありみたい。

シートベルトをつけた。

こわそうだなと思った。

山をのぼっていった。

下にお母さんが見えた。

大男になったみたいだった。

「行くぞ」お父さん。

○○は、お父さんにだきついていた。

はやくてびっくりした。

ほかの人は手を上げていた。

キャーとさけんだ。

こわくて目をつぶった。

ガタンガタンなっていた。

風がすごかった。

心ぞうがドクンドクンとなっていた。

頭がぐらぐらしていた。

「だいじょうぶ」お母さん。

「こわくなかったよ。」

本当はすこしこわかった。

（後略）

出来事の中心

きょうふのジェットコースター　児童S

「うわあ、おもしろそう。」

八月十七日に家ぞく四人で、かしいか園に行きました。

まずジェットコースターに、お父さんとぼくと妹でのりました。百人くらいならんでいて、すこしずつしか進みませんでした。何だか、**さとうにあつまるありみたい**でした。

いよいよぼくたちの番になりました。係の人がシートベルトをチェックしていて、こわそうだなあと思いました。

ジェットコースターがうごき始めると、山をのぼっていきました。下を見ると、お母さんが見えました。**ありのように小さくて、大男になった気分**でした。○○は、こわくてお父さんにだきついていました。お父さんが、

「△△、**いくぞ。」**

と言うと、ジェットコースターがすごいはやさでおちていきました。ほかの人は、おちるときにりょう手を上げていました。おちたときにキャーとさけびながら目をつぶってしまいました。（おちるんじゃない）と思いました。**音がガタンガタン**となり、顔に風が当たって、**ビュービュー聞こえました。心ぞうがドクンドクンとなっていた**けど、とちゅうから楽しかったです。終わっても、頭がぐらぐらしていました。

のらないでまっていたお母さんが、

「△△、**だいじょうぶだった？」**

と聞いてきました。

「ぜんぜんこわくなかったよ。楽しかった。」

と答えたけど、本当はすこしこわかったです。（後略）

2 児童Sの単元学習前後の週末課題作文

楽しかったいとこの家（六月九日）
ぼくは金曜日に○○ちゃんとおばあちゃんといとこの△△といっしょにいとこの家にとまりに行きました。
いとこの家にいったらスイッチをやりました。やったらとても楽しかったのでぼくもほしいなと思いました。けれどもスイッチを手に入れるのは、しばらくむりそうです。そして土曜日にいとこの運動会を見ました。
とても楽しかったのでまた行きたいです。

これは、単元学習前の児童Sの作文である。「初め」「中」「終わり」の構成はとることができているが、内容は出来事の羅列である。また、「楽しかった」の表現が二回使われているなど、気持ちを表現する言葉も安易である。

これが、単元学習後には次のように変わった。

校外学習について（十月十三日）
ぼくは、校外学習でクラスのみんなとうちゅう科学館に行きました。
中ははんで回りました。まずさいしょに地しんを体けんしました。**目の前がぐらぐらゆれて、本当にこんなことがおきたらどうしようと思いました。**つぎにムーンウォークをやりました。前に進むのがむずかしかったです。**終わったあとに体が少し重く感じました。**
楽しかったのでまた行きたいと思いました。

どきどき発表会（十一月十日）

（きんちょうするな。）

ぼくは、ひこばえ学習発表会の当日どきどきでたまりませんでした。プログラムで一番だったからです。

始まって自分の番が来るまでは、一しゅんでした。そして出番になり、たくさんのおきゃくさんの前で発表しました。

口の中がかさかさになっていました。

自分の番が通りすぎると、**きんちょうがとてもほぐれました。**

大きく変わったのは、気持ちを表現する言葉であろう。ゴシック体部分にあるように、出来事に自分の気持ちを付け加えて書くことができている。また、書き出しの工夫が見られるようにもなった。本単元の学習を通して、変容が見られた一面である。

七　考察

1　成果

二種類のモデル文を提示したことで、その違いによる効果を理解し、これから何をしていくのか見通しをもつことに繋がった。

付箋を用いたメモを並べ替えさせたことで、ほぼ全ての児童が「初め」「中」「終わり」の段落構成や、事柄ごとにまとめた段落分け、伝えたいことの中心をくわしくすることができていた。二色の付箋を用いたことで、気持ちを表す言葉が増えたのも成果といえる。

また、児童たちの多くが題名と書き出しの工夫に注目することができた。日々の週末課題作文においても、それらの工夫をして書いている児童が多数いた。その一部を紹介する。

わたしの、朝（十一月二十六日、児童T）

「やだー起きたくない～。」

わたしは心の中でそうさけびました。お父さんが、

「学校におくれるぞ。」

と言いました。わたしは、**いやいや**下に下りて行きました。そしてストーブの前で**ねこみたいに**丸まりました。**できるなら、ずっとふとんの中にかくれていたいです。**

放送のあいさつ名人（十二月一日、児童U）

「三年生のあいさつ名人は、〇〇君です。」

ぼくは、学校のあいさつ当番さんに、元気よくあいさつをして、きゅうしょくの時間よばれました。**前までは、あまり言いませんでした。でも△△君が元気よくあいさつしているのを見て、ぼくもゆうきを出してゆっ《ママ》てみたら、**紙に名前を書いてもらえました。

もっと**いろいろな人にあいさつをしたい**です。

朝の食事（十二月二日、児童V）

「おはよう。」

ぼくの土曜日は、この一言ではじまります。

そのあと、ごはんがたけるのをまちます。土曜日の食事は、たまごかけごはんです。ぼくは、たまごかけごはんが**大の大すきです。きみをはしでつつくと中から黄色のふっかり《ママ》が出てきて**ごはんとまぜて食べます。ごはんは、**あつあつでほふほふしながら**食べます。

また、たまごかけごはんを食べたいです。

2 課題と展望

モデル文として提示した文章が長かったため、低位の児童にとっては、全く違って感じられたようである。後に抜粋して提示した際は、それらの児童も比較することができていた。学年の実態に応じて、二種類のモデル文を提示する際は、違いが分かりやすくなるようにする必要があるだろう。

今回、児童は「うれしかった」「楽しかった」に替わる新たな表現を身に付けた。今後は、様子や気持ちを表す語彙を更に増やしたい。中学年では、国語辞書も用いながら、ことわざや慣用句、故事成語などを使えるように指導していく。

（白井 雄大）

③「書くこと」で読みを自覚する国語科の授業

一　単元名

意見文を書いて新聞に投書しよう「新聞の投書を読み比べよう」（東京書籍六年）

二　児童の姿

本学級児童の「書く」言語活動を取り入れた「読む」ことの学習履歴は、次の通りである。

『いろいろなふね』（一年教材）では、読み取りを通して「のりもの図鑑」を書かせる際、「はじめの文はどのようになっているのかな」「文の終わり方はどうすればよいのかな」「のりものの順番はどうしようかな」などの観点を意識するようになった。『ゆめのロボット』（四年教材）では、読み取りを通して「ゆめのロボット説明書」を書かせる際、結論で自分の伝えたいことを書かせる活動において「どんな事例が紹介されていたかな」「繰り返されている言葉や言い方があったな」「題名が結論に入っていたはずだ」などの観点から再度教材文を読み返した。『森林のおくりもの』（五年教材）では、読み取りを通して「森林ブックガイド」を書かせる際、「題名に比喩が使われていること」や「事実と意見の使い分け」などに気付き、改めて筆者の論理、書きぶりに納得したり、感心したりした。「書くこと」によって、「読みの観点」を意識しながら何度も教材文を読み返すことで教材の特性や筆者の書きぶりの良さに目を向けるようになった児童、つまり「読みを自覚」した児童は、やがて次の教材へ向かう際には、「前の学習では～だったから、今回も…のはずだ。」というように、習得した「読みの観点」を適応していくようになる。

したがって、言語活動として「書くこと」を設定することにより、児童自らが教材文に向かい、「読みの観点」を抽出していく授業を仕組むことができる。

三　単元の目標

意見文を書くために、新聞の投書から説得の工夫を読み取る。

四　付けたい力

「読みを自覚する」とは、児童自身が読み取ったことを教材文で再認識することと考える。①教師の発問、②児童同士の対話、③自分の文章と友だちの文章の比較などによって、何度も教材文を読み返したり、教材の特性、筆者の書きぶりに目を向けたりすることである。

このように、実際に書くことを通して、教材文から抽出した「読みの観点」を「書く観点」に転用する。「どんな内容なのか」「どんな構成で書かれているのか」「どんな表現が使われているのか」という観点を意識しながら、書く材料と教材文を何度も往復する。**図1**のように「読みの観点」を習得・活用させながら、「書くこと」を意識して教材文を読む。抽出された「読みの観点」を使って、取材・構成・記述・推敲させる。その過程で「読みの観点」に沿って教材文を読み返す。このように、「読む」と「書く」を行きつ戻りつしな

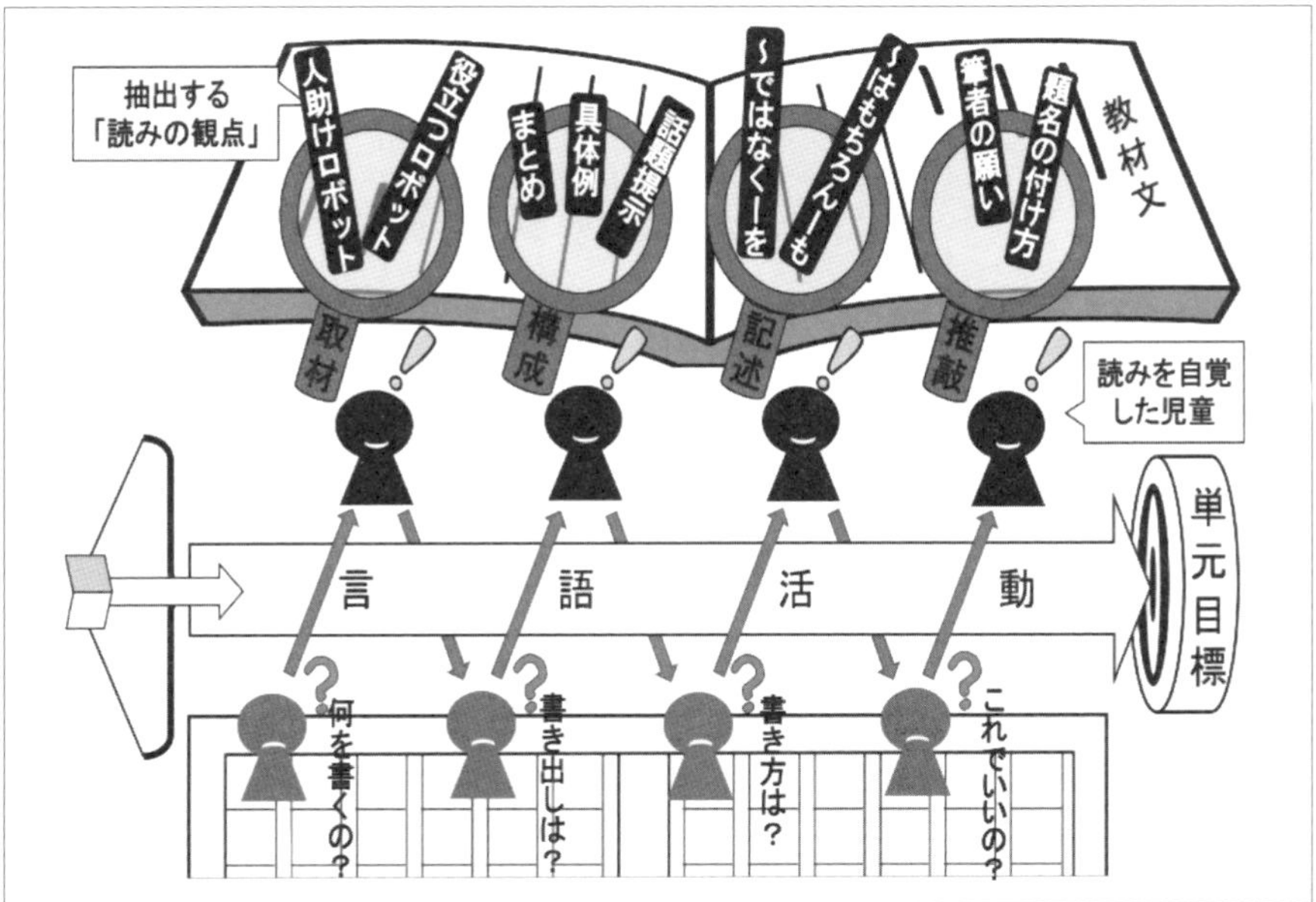

図１　「書く」言語活動を取り入れた単元のイメージ

がら、自己の読みを自覚させていく。

五　授業の実際

1　単元の授業過程と手立て

(1)　単元構成

第一次　新聞の投書について知り、学習の見通しをもつ。(一時間)
第二次　新聞に投書する意見文を書く。
・何を題材に書くのか。【内容】(一時間)
・どう書けばよいのか。【文章構成】(二時間)
・説得力を出すにはどうすればよいのか。【表現の工夫】(二時間)
・題名はどうするか。内容が伝わるか。【推敲】(一時間)
第三次　学習をふり返る。(一時間)

(2)　「読む」「書く」を繰り返す言語活動の設定

「新聞に意見文を投書する」という言語活動を設定し、単元を通して常に目的意識を持ちながら教材文と自分の文章とを何度も往復させるようにした。モデル文から「何について書くのか」「どんな構成にするのか」「どんな表現が使われているのか」という「読みの観点」を抽出し、実際に「書くこと」に生かす、自分の書きぶりを確かめるために、また教材文を読み返す。そのように「読むこと」と「書くこと」を行きつ戻りつしながら学習を進めていく単元構成を仕組んだ。また、単元の導入前や単元途中において、実際に小学生の投書が掲載された紙面を提示することで、書く意欲が高まったり、内容や書きぶりを参考にするために読み込む姿が見られたりするという効果が見られた。

(3)　教材文の提示

教師が予め作成していた四つのモデル文を提示する。

投書A（6月1日朝刊）

運動会は秋にするべき　小学生　M・A　12

先日、わたしが通っている小学校で運動会が行われました。約二週間の練習期でしたが、日に日に気温が上がり、体調が悪くなる友達が少なくありませんでした。

わたしは、小学校の運動会は、春ではなく秋に行うべきだと思います。

一つ目の理由は、体調への影響です。春は、体がまだ慣れていません。上級生でも、かなり体への負担を感じていますので、入学したばかりの一年生は、もっときつい思いをしているはずです。

二つ目の理由は、準備期間の短さです。。春の運動会の場合、四月のクラス替えからの期間が短く、実行委員や応援団の話し合いが十分にできず、あわただしく練習を始めている感じがします。秋の運動会だと、夏休みに話し合いや練習の準備ができると思います。

確かに、秋には行事が多くあり、変更することは難しいかもしれません。しかし、体調を悪くしては元も子もありません。

運動会は、思い出に残る大きなイベントです。全員が元気に参加できるように、開さい時期を考えるべきだと思います。

投書B（6月8日朝刊）

春の運動会の良さが　小学校教諭　I・N　40

6月1日の朝刊にのっていたM・Aさんの「運動会は秋にするべき」を読みました。

わたしは、県内の小学校に勤めていて、春と秋のどちらの運動会も経験しています。それぞれによさがありますが、わたしは、春に運動会を行うメリットのほうが大きいと思います。

なぜなら、運動会は単に勝ち負けを競うのではなく、クラスや団のまとまりにつながるものでもあるからです。春に運動会を行うことで、上級生の中には、委員や係に立候補する積極性が出てきたり、お互いに協力する場面が見られたりします。

また、入学したばかりの一年生にとっても、優しい上級生にお世話をしてもらいながら、時間を守る、きちんと並ぶ等の集団行動について学ぶよい機会となります。入学直後の運動会での経験が、その後の学校生活によい影響を与えていると言えるでしょう。

近年は異常気象と言われていますが、だからこそ、熱中症予防のために、自分自身の体調を考える習慣が大切です。

優勝を目指してがんばるのが運動会ですが、勝敗と同じように重要なことがあるのです。

投書C（6月15日朝刊）

運動会は涼しい時期に　会社員　S・Y　25

先日来、この投書欄で、小学校の運動会の実施時期について議論されている。

わたしは、低学年の時に見た応援団にあこがれ、六年生の時に念願の応援団長に選ばれた。炎天下で団をまとめようと力を尽くした結果、熱中症になり、午後の競技に参加できなかった。やはり、運動会は少しでも涼しい時期に実施すべきである。

第一の理由として、小学生全員が暑さに慣れていないことが挙げられる。現在スポーツ系の習い事をしている小学生は50％程度である。これは、暑い中で長時間運動する経験のある子が少ないことを表している。

第二の理由として、気温の上昇が挙げられる。5月の平均気温に限ると、30年前と比べて2℃上昇している。日に日に気温が上がり、暑さに慣れていない5月に行う二週間の練習は無謀である。

水分の補給や休養の大切さについては指導されているだろうが、小学生がきちんと給水や休養をとっているかは疑問である。

小学校の運動会の実施時期については、健康管理上、少しでも涼しい時期にするべきである。

投書D（6月21日朝刊）

困難の中でこそ学べる　自営業　H・Y　60

小学校の運動会の実施時期について議論されているが、果たして時期の問題なのか。児童の体力低下が叫ばれている今、どの時期に実施しても結果は変わらないであろう。そうであるならば、わたしは、暑い時期に行ってこそ価値があると考える。

幼児教育家の大原敬子氏は、「目的をもつと人は強くなります。」と言っている。運動会での優勝という共通の目的があるからこそ、これまでに経験のない困難を乗り越えることができるはずだ。

また、柔道の金メダリストである吉田秀彦氏は「苦痛を避けてばかりいると、人の痛みも想像できない大人になってしまうと思います。」と言っている。暑さを共有することで、下級生はもとより周りの人に対して優しい気持ちで接することにつながる。

最近の風潮として、事前の危機回避が強調されるが、いかがなものだろうか。決して安全を人任せにしてはいけない。安全最優先なのはもちろんだが、実の場だからこそ学べることもある。

その道を究めた人の言葉には、必ず根拠がある。苦しさにたえ、努力することが、人の成長につながるのである。

本単元では、教師作成の四つのモデル文（投書）を使用した。

四つの教材文を縦に並べ替えることで、文章構成を視覚的にとらえさせることができた（**資料1**）。教材を縦に見ることで、全部のモデル文が六段落構成になっていること、「①話題提示」「②意見や主張」「③理由や根拠1」「④理由や根拠2」「⑤予想される反対意見に対する反論」「⑥考えのまとめ」となっていることがとらえやすく、「読みの観点」の抽出が容易になったと言える。「⑤予想される反対意見に対する反論」の表現の工夫を見つける際、初めはなかなか見つけることが困難だったが、投書Aから「確かに～かもしれない。でも…」を提示すると、四つのモデル文が縦に重なっているため、「じゃあ、投書Bは『～だと言われるが、…』だ。」「投書Cは『～でしょうが、…』だね。」「投書Dは『～がいかがなものだろうか。決して～ではない。』だろう。」と次々に見つけていくことができた。

（4）「読みの観点」を「書く観点」へ

反論を述べる際の四つの表現方法について、

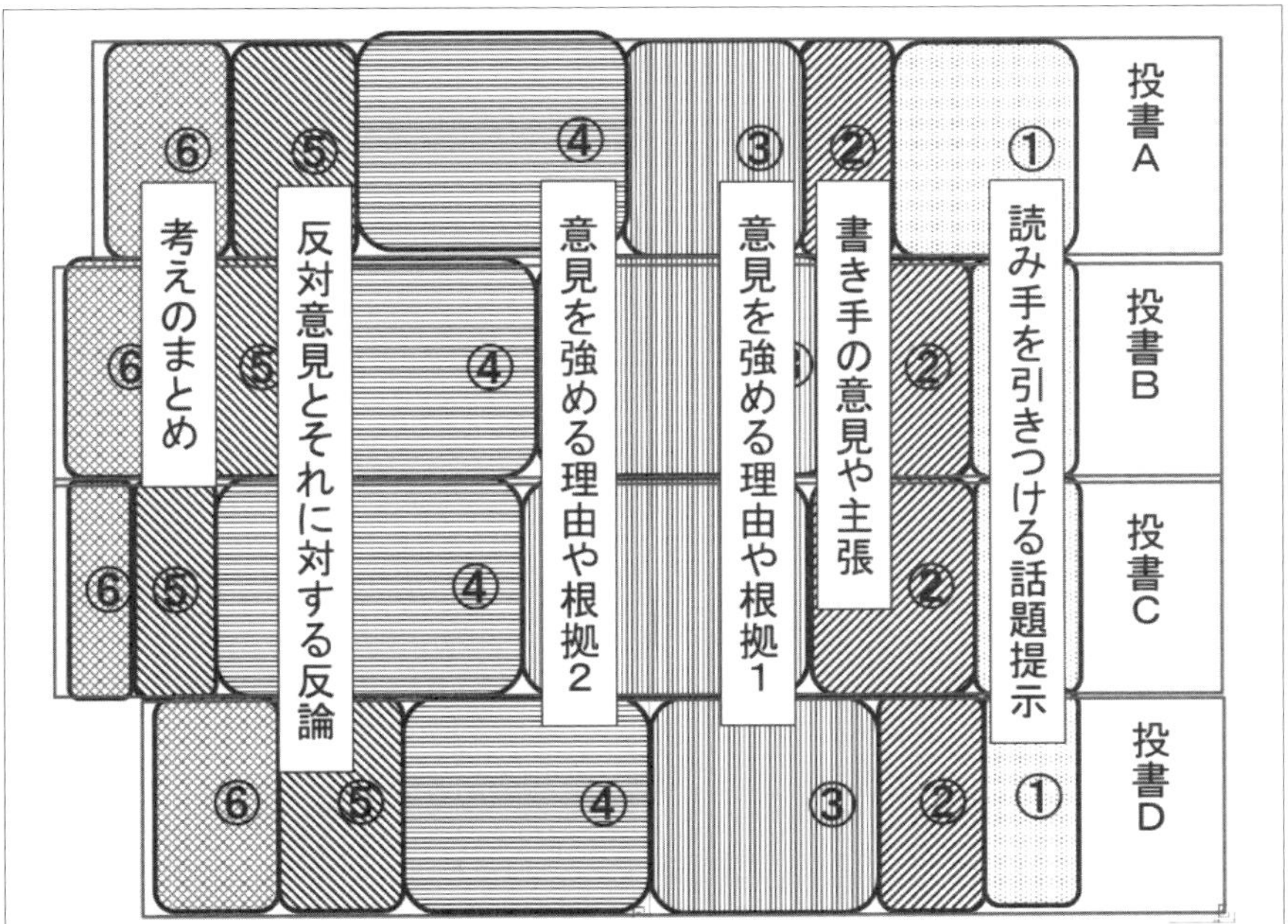

資料1　提示したモデル文から見える段落構成

「反対意見に対する反論が最も強い述べ方はどれか。」という問いを投げかけた。それに対し、児童から様々な反応があり、黒板に整理していった（**資料２**）。表現方法の効果をさらに確かめるために、教材文から「理由や根拠」の段落を切り取って提示した（次頁**資料３**）。このことにより、児童はモデル文を俯瞰的に見ることができるようになり、「意見や主張」の段落で用いられている表現に着目し始めた。「投書Bの『の方が大きい』は、どちらかといえばだから、強い主張ではなさそうだよ。」「投書Dは『〜こそ価値がある。』と言い切っているから、かなり強く主張しているよ。」等、筆者が意見を述べる対象を評価している表現を読み取っていた。教材文を加工したことで「意見や主張」「予想される反対意見に対する反論」の段落の役割や、二つの段落の関連がより明確になった。

実際に文章に書く段階では、「予想される反対意見」と「それに対する反論」をそれぞれ緑とピンクの付箋紙に書かせ、ワークシート上の四通りの表現方法に当てはめながら、自分の意見文にはどの表現方法があっているのかを比較・検討しながら考えさせた。付箋紙を用いたことで、簡単に他のパターンの表現方法を試すことができた。A児は付箋紙の段階では、「確かにXかもしれない。でもYだ。」を選択していたが、「意見や主張」で使った「〜に反対だ。」の述べ方に合わせて、「Xと言われるが、どうだろうか。決してXではない。」に変更していた。より効果的な表現方法を考えて決定することができた（次頁**資料４**）。「読む観点」が書く際の観点として生かされた姿と言える。

Ｃ１：投書Ｄがいちばん強いよ。
Ｃ２：「決して」という言葉で言い切っているから強く感じるね。
Ｃ３：「いかがなものだろうか」は，問いかけているようで，実は「違う」ということを言いたいんだよ。
Ｃ４：ぼくは，投書Ｂの『〜といわれるが，…』も強そうに感じるんだけど。
Ｃ５：投書Ａは『確かに』と，反対意見を受け入れているように感じるね。
Ｃ６：「です。ます。」は弱く感じるから，常体で書いた方がよさそうだ。

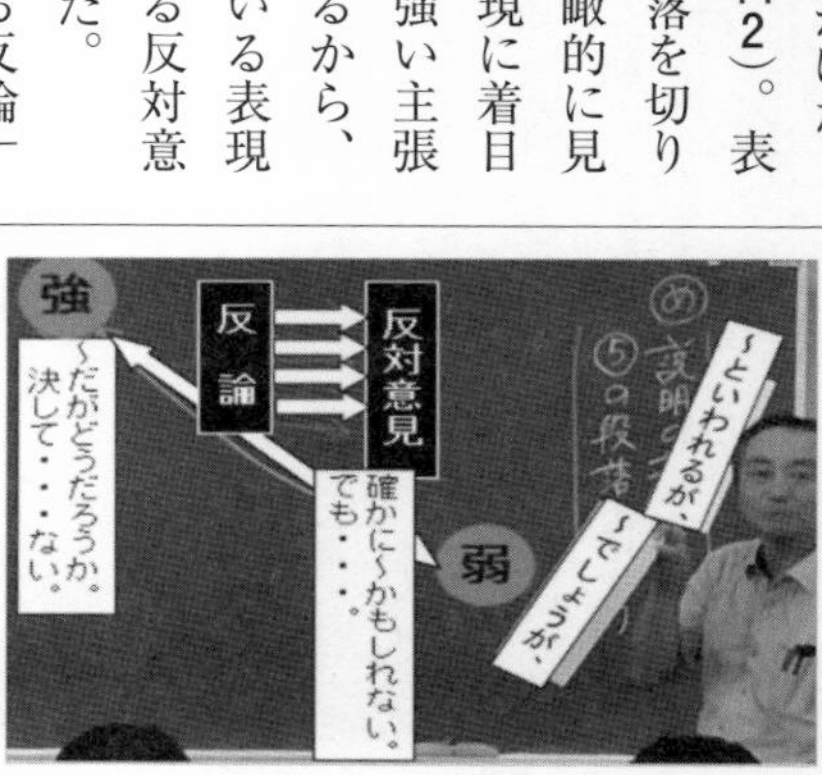

資料２　表現の工夫の整理

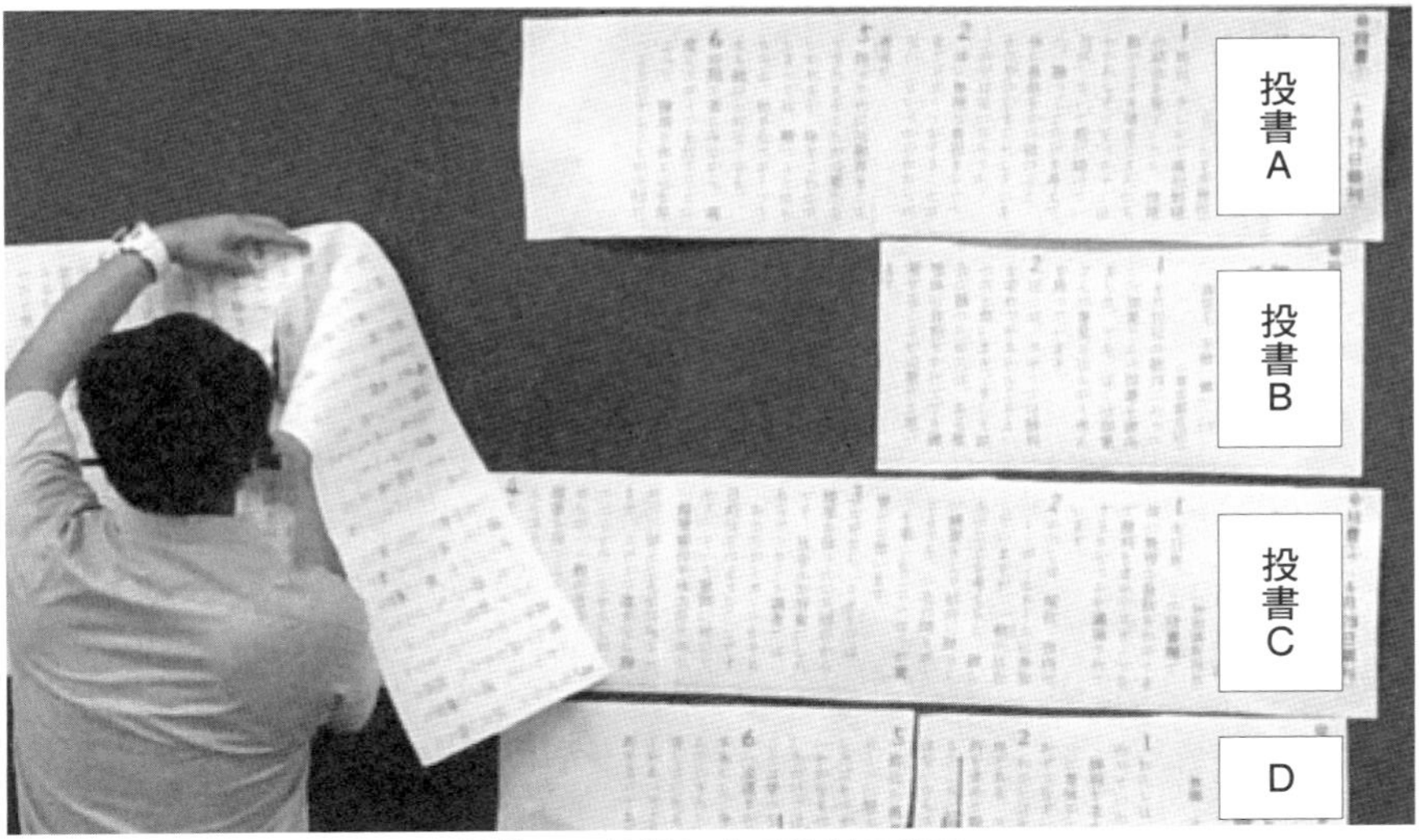

資料３　教師による教材の加工

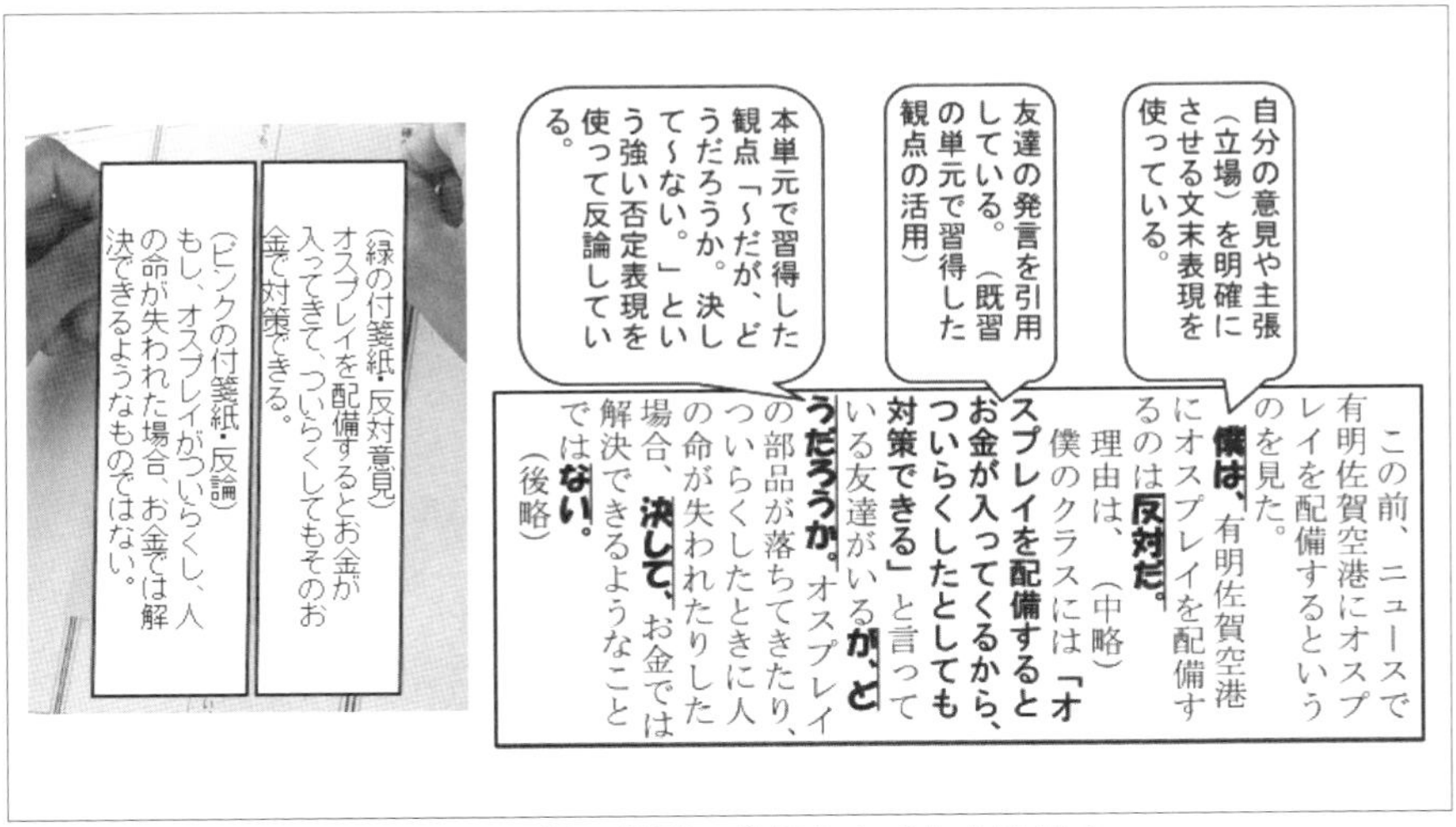

資料４　Ａ児の検討の様子と完成した意見文

六　結果と考察

本単元では、「新聞に投書する」という実の場を設定したことで、児童が目的意識を持ち、四つの教材文から、「内容」「文章構成」「表現方法」等の「読みの観点」を抽出することができた。教材文以外の投書に意識を向け、構成の違いを見つけた児童が、「『話題提示』と『意見や主張』の段落をまとめて書いてみよう。」「『理由や根拠』をまとめて、四段落構成にしたら、より伝わるかな。」等、自分の意見文に生かす児童の姿が見られた。これは、自分で見つけた「読みの観点」を「書く観点」に転用している姿であり、まさに「読みを自覚」した姿である。児童が実際に「書くこと」で、教材文の筆者の文章構成や書きぶりの良さに改めて気付くことができたという点で、有効な言語活動であったと言える。

本単元で書いたB児の意見文が実際の新聞に掲載された（**資料5**）。B児は、教材文の題名の付け方を参考にして「森林ばっさいには疑問」という題名をつけていたが、実際に掲載される際には添削をされていた。原文との比較をし、なぜ添削をされたのか、またその添削の是非を問うことで書き手の意図を考えるこ

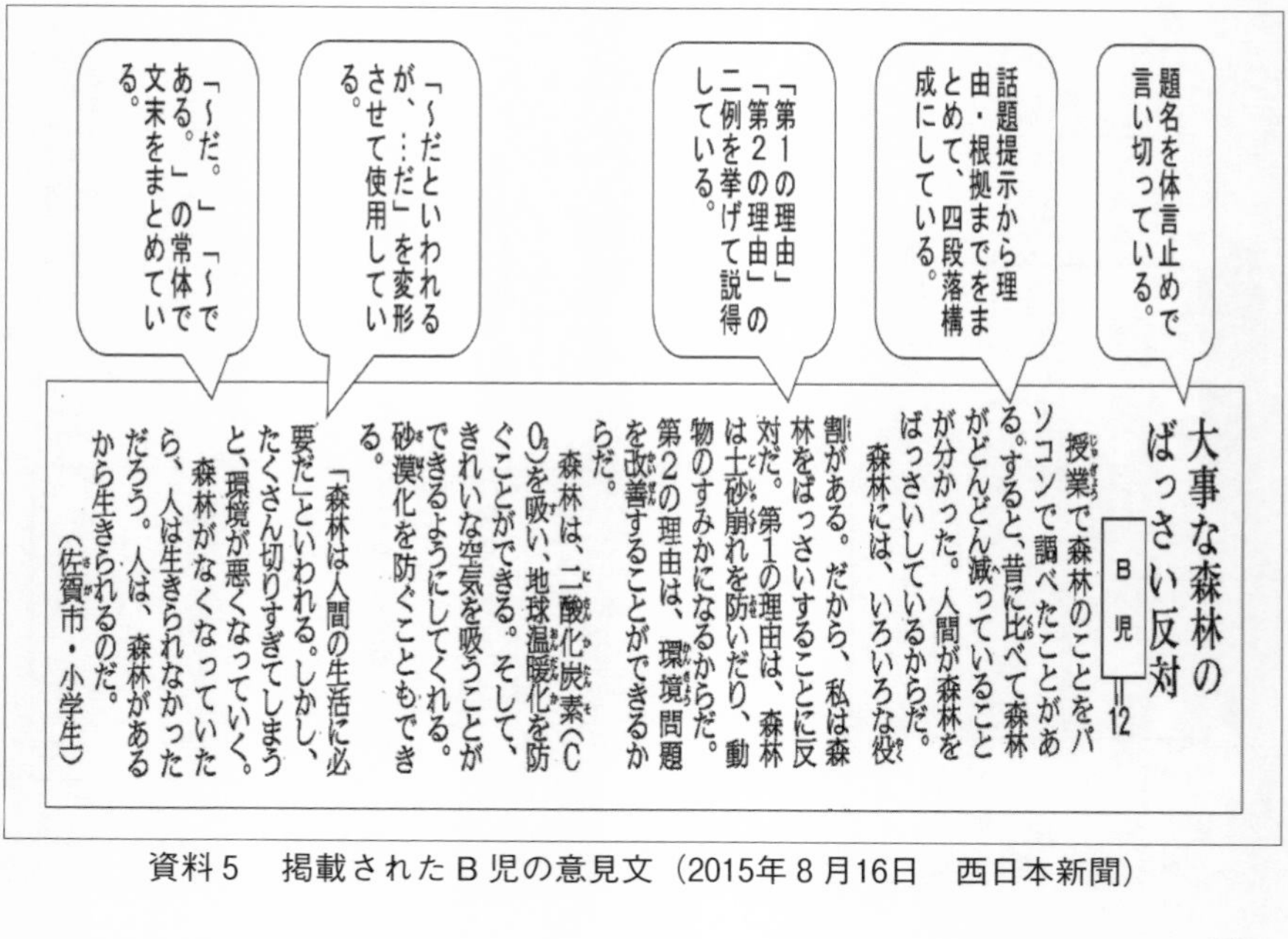

題名を体言止めで言い切っている。
話題提示から理由・根拠までをまとめて、四段落構成にしている。
「第1の理由」「第2の理由」の二例を挙げて説得している。
「〜だといわれるが、…だ」を変形させて使用している。
「〜だ。」「〜である。」の常体で文末をまとめている。

大事な森林のばっさい反対

B児＝12

授業《じゅぎょう》で森林のことをパソコンで調べたことがある。すると、昔に比《くら》べて森林がどんどん減《へ》っていることが分かった。人間が森林をばっさいしているからだ。

森林には、いろいろな役《やく》割《わり》がある。だから、私は森林をばっさいすることに反対だ。第1の理由は、森林は土砂《どしゃ》崩《くず》れを防《ふせ》いだり、動物のすみかになるからだ。第2の理由は、環境《かんきょう》問題を改善《かいぜん》することができるからだ。

森林は、二酸化炭素《にさんかたんそ》（CO_2）を吸《す》い、地球温暖化《おんだんか》を防ぐことができる。そして、きれいな空気を吸うことができるようにしてくれる。砂漠《さばく》化を防ぐこともできる。

「森林は人間の生活に必要だ」といわれる。しかし、たくさん切りすぎてしまうと、環境が悪くなっていく。

森林がなくなっていたら、人は生きられなかっただろう。人は、森林があるから生きられるのだ。

（佐賀《さが》市・小学生）

資料5　掲載されたB児の意見文（2015年８月16日　西日本新聞）

とができ、新たな教材としての価値が見出せそうである。

七 成果と展望

1 教師と児童の「書くことを愉しむ」

本単元では、教科書掲載の文章ではなく、教師作成の投書モデル文を四つ作成した。その際に、教師が愉しんだ書く面は、以下の通りである。

・児童の生活により近い題材で書く。
・表現の工夫を含んだ文章を書く。
・複数の年代や立場から対象を捉えて書く。
・段落構成等、限られた条件の下で書く。

教師が愉しんで書く姿を見せることで、モデル文への興味を持たせることができた。また、段落構成や説得力のある言い回しに挑戦すること、反対意見を予想する際に様々な立場で考えることに抵抗なく向かうことにつながった。

2 今後の「書くことを愉しむ」

抽出した表現を用いて効果を検討するという意味では、教師と児童が共に愉しむ場面が見られたが、対話をしながら意見文を作り上げる場面を仕組む学習も可能である。今回は、より説得力のある表現を検討・吟味することに重きを置いた学習を進めてきたが、今後は根拠の客観性や信頼性に目を向けることが必要である。題材の設定とともに、情報の収集・内容の検討にも意識を向けさせたい。

（荒川　尚）

三章　担任外の書く愉しみへの誘い

ロス郊外にディズニーランド開園1955

ウォルト・ディズニーのことば

逆境の中で咲く花は、
どの花よりも
貴重で美しい!!

学校には様々な職種・立場があり、それぞれの立場だからこそ書ける愉しみがあります。本書では、授業や学校の集会・行事等で取り組めるものはもちろん、朝のスキルなど日常的に使える習慣化をねらったものも取り上げ、すぐ活用できる実践例を示しています。

全校への日替わりメッセージボード、教師を鼓舞する一言ボード、児童とつくる詩や俳句、教師向けの研究通信、家族で愉しむ詩などです。

授業実践例としては、物語文の創作例　随筆の目的に応じた例四種類、文集例なども載せています。

特筆すべきは、特別支援学級での取り組みです。

「書く」実態調査例もおすすめです。この調査は、三校で計七年間取り組んだものです。年二回の実態調査で児童の変容の把握にも効果的です。ただし、教師の指導・ヒント・声かけ・コメントなども大きく影響します。

つまり、教師自身の「書くへの愉しみ」が児童の実態に大きく反映します。

「よかったね」「上手だね」といつも同じ褒め言葉ではなく、「音言葉が上手」「会話で始まる書き出しが魅力的」などコメントも目的や相手に応じた具体化や言葉選びが必要です。

学校や仕事と離れた場所での書く愉しみも取り上げています。

書くことで新たな自分を作ることができます。書くことで自分を客観視し、書くことで自分の考えが形となり、書くことで想像力（創造力）や夢もふくらみ、書くことで未知の世界へと踏み出すことができます。

教師自身がまず愉しみ、自身の家族とともに味わうものも紹介しています。教師だから、教えるからではなく一生の愉しみの一つとして「書く」を味わっていただければ幸いです。

（権藤　順子）

1　生きる愉しみへの誘い

一　私の「書く」

私は、『ななせれん』のペンネームでときどき童話を書いています。中村草田男の俳誌『萬緑』（現在は『森の座』に改名）にも同人として毎月五句投句しています。

書くことは、〆切りに追われる辛い場合もありますが、自分の思いを表現できる楽しみの場でもあります。書くためには、語彙獲得が欠かせない条件です。読むときも語彙を知らないと意味や意図を読み解くことができません。授業の前提条件として、担任の時は、毎朝言葉のスキルを行っていました。愉しくなければ意味がありませんので、ゲームとして設定します。

・言葉集めゲーム　言葉クイズ　言葉綱引き　など　ミニ句会もしました。

児童が書いたものは、必ずミニ文集にして配布し、宝を共有しました。印刷する時間が無いときは、グループごとにファイルにとじて家庭に回覧してコメントを書いてもらいました。

今までで一番効果があり、反響が大きかったのは、学校と家庭で回覧する「あのね日記」です。児童が学校で書いた日記にまず私がコメントを書き、一週間分を家庭で読み、コメントを書いていただく。コメントに、お子さんへの手紙を書く方もいれば、ご自分の子どもの頃のエピソードや仕事の大変さを書く方もいらっしゃり、まるで私も家族の一員になった感覚となりました。児童にとっては、同じ事を私と家族から認められ誉められる、保護者にとっては同じ話題を共有できる至福の時間となりました。

担任を離れ、教務　教頭　校長となってからも　書く　ことは多くあります。

児童とともに教師にも愉しんでもらう　時には危機を感じてもらい困難を乗り越えてもらうための職員便りも出します。授業のヒントとなる例文『朝の言葉集めのヒントや読書感想文、少年の主張など』も示します。生きることを彩るために、書く愉しみを是非伝えたいと思います。書くためには、伝える相手の背景を察する力と目的や相手に相応しい言葉選びが必要です。書くことで書き手の心も読み手の心も育てられます。

二　学校の実態

赴任した学校の児童全ての語彙力不足に危機を感じています。

まず、五感が使えません。「目・耳・鼻・口・手を使いましょう」と呼びかけたら「目で見ると見えました。耳で聞くと聞こえました。…」と書いた児童もおりました。

二十年ほど前になりますが、F小学校で毎年出している学校文集の五年前とを比較分析したことがあります。そのときすでに驚くべき変化がみられました。

○心情語がない
○敬語が使えない
○たとえや擬態語・擬音語が使えない。
○情景描写がない
○複合語がない
○時間の順序通りの羅列で有り、構成の工夫がない。

二十年後の現在はどうなっているのか。言わずもがなです。

赴任したどの学校でも言葉の実態調査の作文アンケートを行ってきました。

（方法）学年ごとにテーマと条件、字数を変える

例　字数　一年　七十字　二年　百字　三・四年　百五十字　五・六年　二百字

例　テーマ　低学年　私のおすすめ（じまん）　中学年　家族の自慢　高学年　学校（地域）の自慢

例　条件　一年　会話を使う　二年　五感と会話を使う　三年　擬態語を使う　四年　書き出しの工夫

五年　比喩を使う　六年　結びもあわせた構成の工夫　など

作文は、六月と二月の二回同じ方法で書かせましたが、教師が導かなければ上達はしません。

三　私の書く構想

① 毎日「言葉にかかわるスキル」を続けること
② 授業の中に言葉に関するコーナーを入れること
③ 国語に限らず横断的な言葉の関連を図ること
④ 学校にとどまらず家庭も巻き込むこと『必ず説明を事前に行う』
⑤ 課題学習に言葉に関するリサーチを入れること（④と関連）

四　実践

○ 学校だより（月に二回、トピックも）　○「全校の集い」の話（月一回）
○ 十の力　暗誦集（毎朝　毎休み時間）　○「生きるって何」の授業（六年生の卒業前）

添付の資料にある物語文や随筆の例文も、目の前にある児童の実態に合わせ身に付けさせたい目標を設けて書いたものです。どの実践でも児童に「書く」切実感を持たせるために取り入れたエピソードが三つあります。

・エピソード　児童が実際に行ったこと、児童の作品　言ったことば
・エピソード　担任自身の体験（小さいときでも今でも）
・エピソード　歴史上の人物（不易）　今話題の人物（流行）

この三つをつなげる伏線が児童へのメッセージとなります。

「かけがえのない命は一つしかない」「時間は平等にあるもので、二度と戻っては来ない」「言葉や心には温度がある」などです。

五　変容と今後の生かし方

言葉を味わう、書くことを味わう、伝える喜びを味わう　そして書くことは、自分の生き方や周囲の生き方も変えることを伝え続けたいです。

実態調査の文例

・マイブーム・私のおすすめ（低：私　中：家族　高：学校・地域）

・学年で字数やめあて（要素）もかえる。

【一年生の例文】「　　」

　ぼくが、一ばんたのしみなのは、あさごはんのめだまやきです。とろーんとしていると「やった。」といいます。

【二年生の例文】「　　」と五感を表す言葉

　ぼくが、がんばっているのは手つだいです。まい日ちゃわんふきをしています。この前すべってガチャンとわってしまいました。母が「けがしなかった？いっしょうけんめいしているからいいよ。」と言ってくれました。

【三年生の例文】「　　」と比喩

　ぼくが、楽しみなのは本かりです。ぼうけんやたんていが出てくる本がすきです。いっしょにぼうけんしている気分でわくわくするからです。「本かりだ」と言いながら思わずダダダと走りそうになるくらいすきです。

【四年生の例文】書き出し

「ポーン、スポッ」「やったあ」ぼくが、今、むちゅうなのは、バスケットのシュートです。どの場所からも入るようになりたいです。今は、リングの右下から一発で入るように、時間があれば練習しています。　決めます。

【五年生の例文】書き出しと結び

「○組勝つぞー。」「オー！」私は、このオーがそろった時が一番気持ちいいです。一年から六年まで、みんなの気持ちが一つになって背中をどんとおしてくれている気がします。何だか優勝したような熱い気持ちです。私は○○係長なので、もっと旗のふり方や声かけを工夫して、声だけでなく手の上げ下げも全部そろえたいです。みんな気合いが入っているので、運動会までにきっとそろうと思います。「○組勝つぞ。」ちょっと早いけどジュースで乾杯。「オー！」

【六年生の例文】書き出しと結び・具体例

「声の肥料、足音の肥料」これは、バケツ稲の育て方を教えてくださったT先生のことばです。声をかけたり足を運んだりするほど稲は育つそうです。ぼくの住むS町は米作りがさかんです。特に「七夕こしひかり」は、他より早くとれます。ぼくも稲に「今日もがんばれ」と声をかけると「ありがと！あなたもね」と友達のようにそよそよ合図を送ってぐんぐん伸びてくれます。皆さんもぜひ、ぼくの町に、米作りの体験をしに、おいしい、お米を食べにいらしてください。

「家族が愉しむオリジナル読み語り話を作ろう」　東京書籍二年
『ふたりはともだち』アーノルド・ローベル　文化出版局　他三冊

めあて　「ふたりはともだち」の登場人物をもとに、作者の意図に合わせて読み語り話を作り、家族を愉しませよう。

作り方　四話の登場人物の人柄や話の組み立てや作者の意図を考えて話を作る。

1　登場人物の性格
がま：短気　マイナス思考　受け身　すぐ寝る　ボタン付け上手
かえる：気長　プラス思考　能動的　アイディア豊か
※　共通点は、相手を大事に思っていること　待つ時間

2　特徴的な言葉
複合語「とびはねる　かけぬける」
擬声語　擬態語「コツコツ　きらきら　ぴしゃり」
強調表現「一度も　きっと　だって　あきあき」
反対語「でも」

3　創作条件　「　」やりとりを多くする　逆転の発想
二人の性格を考える。

4　評価　・会話を二往復以上入れ、仲のよい様子がわかるようにする。
・アイディアを入れてマイナス状態からプラス状態にする。

「たべないよ」

かえるくんは、がまくんに手づくりサラダを作りました。野菜がだいすきなかえるくんは、自分で育てたきゅうりやピーマン、トマトをがまくんに食べてもらおうと思いました。

「がまくん。サラダができたよ。いっしょに食べよう。」

「ぼくは食べないよ。」

「どうして。僕が育てた野菜だよ。」

「ぼく、野菜きらいなんだよ。」

がまくんは、顔をしかめて言いました。

「ぼくは、大好きなきみに、僕が好きな野菜を好きになってほしいんだ。」

「きみ、野菜すきなの？」

「うん。ぷるぷるトマトとしゃきしゃきピーマン、さくさくのきゅうり。どれもとれたておいしいよ。」

「ふうん。でもやっぱりぼくは食べないよ。」

「ちょっと、見るだけでもいいから、見てごらんよ。」

かえるくんは、だいじそうに大きなおさらを運んできました。

そのさらには、切った野菜で上手にがまくんとかえるくんの顔が描かれていました。

「うわあ。すごいね。これ一人で作ったの？」

「うん。きみと食べようと思って」

「すごいね。おどろいたよ。でも、これはやっぱり食べないよ。」

「えっ。どうして？」

「だって。こんなに上手に作ってくれたものを食べるのはもったいないよ。他のお野菜ないの？このサラダは、かざっておいて見ながら他のを食べよう。」

「わかった。まかせてくれよ。すぐやるよ。」

それから二人は、かえるくんの手作りの野菜をパリパリ、ポリポリ、シャクシャクと音を立てて全部食べました。

六年「ずい筆を書こう」の教師例文として

①　心をみがくプールそうじ
〈過去の自分との比較〉

※「さあ、ぴかぴかにするぞ」
先生の声で、ぼくたちはいっせいにプールのかべみがきを始めた。

きのうまでは、（何でぼくたちがプールそうじをするのっ）と少し不満に思っていたが、先生から
「六年生だからこそできる仕事だぞ。きみたちの力で全校が泳げるんだ。すごいよな。おめでとう。」

と、言われて気持ちが変わった。

ぼくたちが下級生の間は、毎年六年生がきれいにみがいてくれていたんだ。

六年生だから仕方なくするのではなく六年生だからこそできる仕事。なんだか誇らしくいっしょうけんめいな自分にかっこよさを感じる。

かべをみがいているつもりが、心をみがいていたんだ。さあ、いっしょにみがこう。

②　みんなを喜ばせるプールそうじ
〈母への感謝〉

※
プールのかべみがきは、初めてだが、家のふろのかべみがきは手伝ったことがある。ふろ用の洗ざいをつけてキュッキュッとみがくと汚れがよく落ちる。

でも、ふろのふたや床、シャワーの取っ手など細かいところまでしなくてはいけないのでめんどうになる。とちゅうで「やーめた」ということが多い。ぼくがいつやめても最後まで続けてぴかぴかのふろに仕上げるのは母だ。

「大変な仕事ほど楽しくやるのよ。」

母は好きな歌を歌いながらみがく。

このプールを最後までみんなでみがいたら今日は、一人で家のふろみがきを仕上げよう。きっと家族みんなが喜んでくれるはずだ。

※書き出しは同じものを四種（相手・目的が異なる）
比喩・慣用句など、使ってほしい表現も入れ、結びも変えている。
傍線　引用者

※ ③ 一年生が喜ぶプールそうじ
〈一年生を見守る自分〉

みがきながら ぼくは朝いっしょに来た
O君のことを思い出した。
ぼくの地区からは久しぶりの一年生だ。
「お兄ちゃん、お兄ちゃん。」
と、よく話しかけてくれて、道の渡り方、
あいさつの仕方など教えたことは、
「はい」と言われた通りにする。
きょうは、
「お兄ちゃん、学校のプールって大きいよね。
ぼく泳ぐの楽しみ。」
と、きらきらした目で話していた。
(プールそうじ いやだな)と思っていた
気持ちが一変した。
ぼくは、まるで大すきなゲームで敵を
攻略するように 右に左にリズムをつけて
みがき始めた。
ぼくがみがいたプールで魚のように
泳いでほしいから。

※ ④ こつの伝授プールそうじ
〈五年生への伝授〉

プールのかべみがきは むずかしい。
毎年 六年生が取りくんでいる。プールみがき
のこつを伝えようと思う。
試行錯誤の結果、あみ出した技なので
必ず役に立つと信じている。
一番は、楽しく取り組むための方法を
考えること。歌を歌う。友達と競争
するなど。
次は、そうじの分担と順番。自分がどこの
場所でどう動いたら一番役に立つのか
効率がよいのか考えること
そして 自分たちがみがきあげたプールで
全校が歓声をあげて泳ぐ姿を想像
すること
みんなの笑顔で 一度に疲れが吹き飛ぶ。
プールそうじ、ファイト!!

単元「生きるって何?生き方リサーチ」（東京書籍五年『マザーテレサ』の発展単元）
【学んだ経緯を文集にまとめた例】

ゲームです。その中でもゲームキューブです。それと兄弟と遊ぶことです。

T・戸　男

自分が考えていた生きる。

人がされていやなことやいじわるをしない生き方です。それと、他人のいうことに流されない生き方です。それはなぜかというと人にばっかりたよっていると、おとなになってから、どうしようもないおとなになってしまうからです。

自己紹介

しんがくねん、みんなでなろう、六年生（自分の句）

ぼくは、マンガが大好きです。それはいつまでもつづきどきどきはらはらだからです。

生き方リサーチ（家族・友達・近所の方　本・新聞・ニュース）

先生ミつらくても楽しくても自分なりに一生懸命になること。

あこがれている人ミイチロー選手

先生ミ楽しい事や苦しい事がてんこもりな毎日

あこがれている人ミいつも笑顔な人

先生ミ楽しいけどときには苦労もする。

あこがれている人ミ坂本竜馬

先生ミ毎日毎日同じ事をたんたんとしていくこと・昔メガネをかけた先生がいたなと思い出してもらえる先生

あこがれている人ミ両親

先生ミ自分の思いえがいたものがかけること。

あこがれている人ミかつきやすお

ぼくのあこがれている人ミ有名人　それはいつも仕事に追われているけどこなせるから。

本から生まれたリサーチ

本の題　ガリレオガリレイ　著者　マイケル・ホワイト

この本をえらんだわけ

真理をいつか追究したかったから

本を読んで考えがかわったこと

人の考えも大切にしなければならない

読んであげたい人

科学者になりたいと思っている人

100字　おすすめコマーシャル

ガリレオ・ガリレイはどんなにひどいしうちをされてもへこたれなくいつまでも科学を信じ研究をつづけて世界中の科学者に大きな影響をあたえたところがとてもかんしんしました。最後まで真理を追究しつづけたひとです。

『生まれる』（リサーチしてみつけたこと　考えがかわったこと）

ぼくは最初は、自分さえよければいいと思っていたけど、　先生のリサーチで考えが少し変わってしまいました。それは、楽しい事もあるから苦しいこと、つらいこと切ないこと、悲しいこと、みんな混ざり合った中でぼくたちはそんざいしているからです。いわれてみればいっつもいっつも楽しいことやうれしいことばかりではありません。でも、ぼくが、かくしんしていることは一人だけ楽しくてもこの世はぜんぜんよくなりません。逆に悲しみをあじわった人は、とても優しくなります。でも、ぼくはやっぱり人の意見に流されず自分の意見をいうのがとっても大切だと思います。ぼくも、いまから人の意見に流されずちゃんと自分の意見を持つという努力をいまからがんばろうと決めました。

（権藤　順子）

2　朝のメッセージボード

一　私の「書く」

私が教員になった頃は、文書やワークシートの作成は、すべて手書きで行っていた。その後ワープロが登場し、今では概ねパソコンを使用するようになり、「書く」から「打つ」へと変わっていった。しかし、手書き文字の持つ味わいや、読み手に訴えかける力は、確かに大きい。

二　教頭として書く

主に職員室で校務を整理する教頭として、教室に出向く教職員と情報を共有し、意欲を引き出す一言を贈りたい、と考えた。次のような目標を持って実践を行った。

・お願い、呼び掛け、指示等を書き込むことで、「今、何に留意して児童と接するべきか」「なぜ、このことに気を付けるのか」を意識してほしい。

・その時期ならではの内容を書き込み、出勤簿に捺印する朝の短いひとときに、教職員と共有したい。ひいては教室で児童に語りかけてほしい。

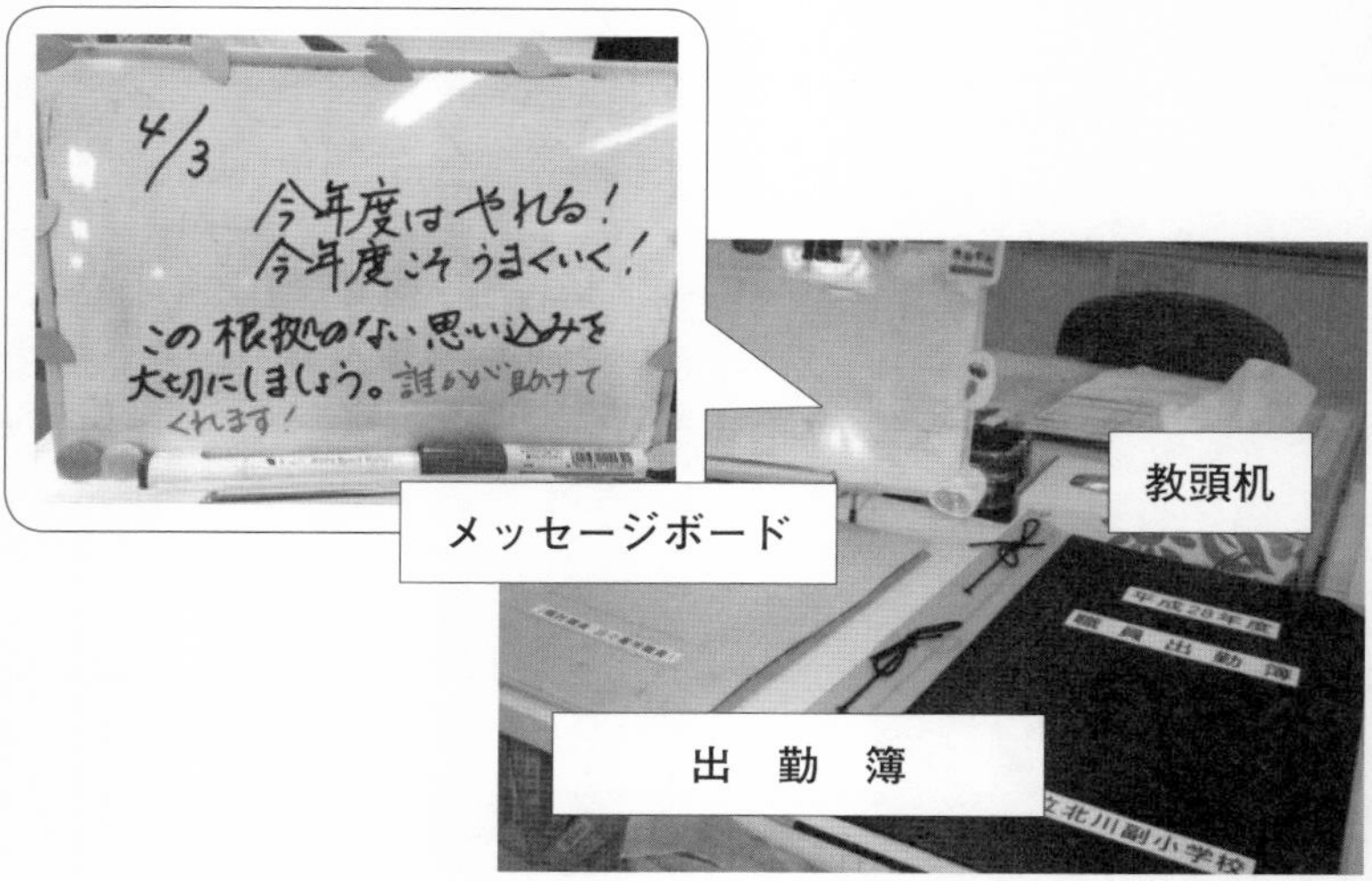
4/3
今年度はやれる！
今年度こそうまくいく！
この根拠のない思い込みを
大切にしましょう。誰かが助けてくれます！
メッセージボード
教頭机
平成28年度
職員出勤簿
出　勤　簿
北川副小学校

三　私の書く構想

・職員室の教頭机の前、出勤簿の横に立てておく。
・三日に一回の更新を目指す。

四　実践（抜粋。網掛けは、職員が活用した内容。）

四月三日	今年度はやれる！　今年度こそうまくいく！　この根拠のない思い込みを大切にしましょう。誰かが助けてくれます！
四月六日	初日ですべきこと。担任の思いや願いを伝えること。
四月十一日	学級のシステムを整えていきましょう。教師のシステムに児童が合わせるのではなく、学校のシステムに各教師が合わせていきましょう。
四月十四日	昨日、花冷えの中、城南中学校の入学式が挙行されました。「北川副プライド」を態度で表す、立派な姿だったと聞いています。
四月十八日	地震と、その後の影響やケアについて、ぜひ学級で児童と話をしてください。児童の親戚・知人の中に、被災された方がいると思ってください。不用意な言葉は厳禁です。
五月一日	絶好の遠足日和。ただ楽しかった、そんな活動で終わるともったいないです。今日は「異学年間のつながり」。ここに留意するよう促し、活動の価値を認めていきましょう。
五月十日	学級活動の環境づくりができたでしょうか。児童が自主性を発揮する素地は、環境を整えることが不可欠です。「出力型授業」の構築に向けて、基盤をつくりましょう。【注　出力型授業…勤務校の校内研究テーマ「児童が話したくなる授業づくり」に向けた教職員間での合言葉。】

五月十九日	さわやかな薫風の中、児童は毎日外で元気に遊んでいます！共に遊びたい！
五月三十日	ありがとう六年生、プールがピカピカになりました。各学級で、六年生のがんばりを伝えてくださいね。
六月十四日	雨の日が続きますが、そんな中、裁縫ボランティアの方々が五年生にご指導くださっています。地域の方々の愛情に深く感謝します。
六月二十三日	本日は、情報モラル講習会。明日は、松本医師のキャリア教育講演会。一過性のイベントに終わらせない、事前の指導と、事後の振り返りをお願いします。短時間でも効くのです。
七月四日	人権集会での人権擁護委員　江頭先生の話し方に学びました。視覚的な情報を提示されないのに、素話で児童を引き付ける間、抑揚、内容に脱帽です。
七月二十六日	【プリントを貼る形で職員が十日ほど使いました】 納涼　そうめん大会ｉｎ北川副小　・日時、場所、会費、内容のお知らせ ※　その後、スイカ割りをします。たくさんのご参加をお待ちしています！
八月三十一日	始業式は、児童の居所・生存を確認する日です。欠席した児童には、電話連絡、場合によっては積極的な家庭訪問を！
九月九日	「シルバーの一週間」、効いているようです。全校で確認した「北川副流あいさつ」が清々しく感じます。児童の挨拶や学びに向かう姿勢が良いですね。
十月十三日	六年三組有志が、荒れがちなゼッケン使用の正常化に向けて行動を開始しました。貸し出し簿を作成し、使用後の片付けについて注意喚起しています。この主体性、いいですね。
十月十八日	トイレのスリッパのいたずらに対して、今度は六年一組が動き出しています。各学級への訴え、ポスター作成等、最上級生にふさわしい態度です。

十月二十五日	今年度二回目の不適切発言がありました。二回も言わせてしまった私たちの指導を反省し、重点項目「言葉遣い」の指導に改めて力を入れていきましょう。なお、担任の先生の報告、指導が早く、確かな初期対応ができました。
十一月二十二日	連合音楽会に向けて、六年生は心を一つにして合唱に取り組んでいます。今日の壮行会で応援の「気」を贈りましょう。
十二月二十一日	各教室で、自主的・自治的な集会が行われています。楽しげな歓声が聞こえてくると、ほっとした気持ちになります。この価値ある活動を、振り返りで文章化・言語化して下さいね。学級の「たからもの」として残していきましょう。

五　考察と今後への生かし方

○　教職員はよく見ていた。メッセージボードの内容を基に、朝の一言が交わされている。

○　途中から、教職員がメッセージボードを利用していた。資料の網掛部分のような書き込みが、年間六回見られた。書く場があり、伝えようとする者がいて、一つのメディアとして機能していた。

・　週二回程度という頻度は、適切であった。毎日だと、見逃す職員が出てくる。週一回以下になると、更新に気を止めない傾向が見られる。

・　情報量の少なさがよさであり、課題である。少ないから、忙しい朝でも目を通そうかと思える一方で、少ないから、意図していた「その時期ならではの」ことまで言い及ばない。

・　教頭の思いはよく伝えられる。その一方で、表現の豊かさに欠ける。「今日は○○の日です。」で始めるように、記念日を盛り込むとか、季節ならではの言葉を入れるとかして、手書きで思いを伝える取組を続けていきたい。

（本村　一浩）

3　手書き文字と音声で伝える「今日は何の日」

一　私の「書く」

前任校で、教頭から教職員に向けた「朝のメッセージボード」という取組を行った。手書きでのメッセージが大変好評だった。教頭として二校目の取組は、対象を児童と教職員に広げ、「百字ぴったり」として情報量を増やした。手書きで伝えることに加え、校内放送でも紹介した。私は国語科の授業を担当していないが、音声で伝え、手書きの原稿を掲示することで、児童の書く意欲を喚起したい。

二　勤務校の実態

朝の放送「今日は何の日」は、始業前、五・六年生の放送委員が、学校放送協会編『きょうはこんな日三六五』の該当ページを音読している。放送委員の児童は、あらかじめ練習して臨むものの、連絡事項を話す場合と違い、難しい言葉が多く、苦労している。この取組では、聞く愉しさも味わわせたいと考え、教頭自身がアナウンスした。朝の会直前に放送することで、その日の朝の会での担任の話につなげたい。

三　私の書く構想

- 毎回の原稿を「百字ぴったり」で書き、全国的な記念日等も紹介しつつ、佐賀県・佐賀市や校区のことなど、なるべく児童の生活に関連した内容を書くことを児童や教職員に伝える。
- 週二回、火曜日と木曜日に、教頭がアナウンスする。内容の対象は高学年。
- 原稿は手書きの文章にして、児童玄関横の掲示板で紹介する。

四　実践（児童の生活に関連したものを抽出。網掛けは教頭に刺激を受け、六年児童が書いたもの）

七月十八日	明治四年の今日、文部省が創設されました。今までなかった学校の制度ができ、どの子も学校で学べる基礎ができました。初代文部卿は、佐賀の七賢人の一人、大木喬任でした。私たちのふるさと、佐賀市の大先輩ですね。（百字）【注　文部卿…明治十八年以前の文部省長官の呼称。今の文部科学大臣。／佐賀の七賢人…江戸末期〜明治維新で活躍した佐賀出身の七名の総称。他には鍋島直正、大隈重信など。／大木喬任…佐賀市出身の政治家で、明治維新後に活躍。東京府知事、文部卿、司法卿、元老院議長等を歴任。】
九月七日	今日はクリーナーの日です。クリーナーは、掃除をする道具のことですが、さて、何の掃除用具の記念日でしょうか。答えは眼鏡です。みなさんは眼鏡だけでなく、夏休みに掃除できなかった校舎をきれいにしましょうね。（百字）
九月十二日	もうすぐ体育大会です。走る練習をしていますか。今日はマラソンの日です。今から約二千五百年前、ペルシャとの戦争に勝ったアテネの兵士が、マラトンという町からアテネまで勝利を伝えたことが起源になっています。（百字）
十月十二日	今日は、○○□□□先生の誕生日です。○○先生は、お茶屋さんの次女としてこの世に生を受けました。小さい頃の夢は医者でした。毎日子どもたちと触れ合いたくて、小学校の先生になられました、おめでとうございます。（百一字）
十月十二日	今日は、豆乳の日です。「とう」は十で、「にゅう」は二の語呂合わせです。十月になったのは、「体育の日」がある月ということで選ばれたそうです。豆乳を飲むと、お肌がつるつるになり、便秘の解消になるそうです。（百字、児童作文）

十月十三日	今日は、サツマイモの日です。江戸から十三里（約五二㎞）離れた所にある川越のサツマイモがおいしかったことから生まれた日です。サツマイモは皮に栄養があるので、むかずに食べてみて下さい。今日の給食に出るといいですね。（百五字、児童作文）
十月十九日	先週、今週と選挙が行われていますね。今日は、アメリカの大統領リンカーンがゲティスバーグで有名な演説を行った日です。この時の「人民の、人民による、人民のための政治」という言葉は、民主主義を表す名言です。（百字）
十月二十四日	今日は待ちに待ったバス旅行の日です。今日皆さんが行く所は、佐賀県内では神埼市、吉野ヶ里町、武雄市、佐賀県外は福岡県久留米市、北九州市、長崎県長崎市となっています。たくさんの土産話を持ち帰ってください。（百字）
十一月二日	今日は、唐津くんちの宵山（よいやま）の日です。秋の夜、提灯の灯に照らされた十四騎の大きな曳山（ひきやま）が、祭り囃子（ばやし）の中、唐津中を練り歩きます。六年二組の△△先生も、十二番曳山の、京町の珠取獅子（たまとりじし）の上で勇壮に采配を振られます。（百字）【注　宵山…本祭の前夜に行う小祭。／曳山…祭礼に使う山車（だし）。／珠取獅子…緑色の獅子が朱玉に爪を食い込ませて乗る様子を表した山車。中国に伝わる吉祥文様が由来。】
十一月十四日	今日は、佐賀市の連合音楽会で、六年生が合唱を披露する日です。演目は「この星に生まれて」と「風になりたい」の二曲です。心を込めた歌声とリズムに乗った姿が見られます。ぜひ、朝の音楽集会で激励しましょうね。（百字）
一月九日	平成三十年が始まり、今日は三学期の始業式です。「一年の計は元旦にあり」と言います。めあてに向かってがんばる一年にして下さい。六年生はあと四十八日、在校生はあと五十二日、勉強や運動に力を尽くしましょう。（百字）

一月二十五日	今週は、この冬一番の非常に厳しい寒波が来ています。明治三五年の今日は、日本最低気温を記録した日です。北海道旭川市でマイナス四十一度でした。先日、ロシアでマイナス六十七度が観測されたことにも驚きましたね。（百一字）
二月六日	今日は、海苔の日です。七〇一年のこの日に制定された大宝律令に、海産物の税として海苔が記されていたことが由来です。海苔と言えば有明海、私たちの佐賀県が有名です。海苔の養殖量は日本一、生産量は第三位です。（百字）【注　大宝律令…大宝元年（七〇一年）に制定・施行された律令国家盛期の基本法典。刑部親王・藤原不比等らが編集した。】
二月二十日	今日は、「交通事故死ゼロを目指す日」です。年に三回、交通安全運動期間中のゼロの付く日に設定されています。今年度、若楠小では、二件の交通事故がありましたが、命は無事でした。交通ルールと命を守りましょうね。（百一字）

五　考察と今後への生かし方

○　愉しんで聞いている児童が多かった。朝の挨拶の時は、児童の方から「今日は何の日ですか。」と聞かれる。また、放送後、児童に「今日は何の日ですか。」と尋ねると、大きな声で放送で伝えた内容を回答していた。朝の会話が、「今日は何の日」で弾んだ。音声での取組なので、低学年にも好評だった。

○　「百字ぴったり」作文は、児童へのインパクトが大きかった。研究授業参観や自習の指導で教室を訪れた時に、「教頭先生のように○字ぴったりで書く。」と宣言する児童が数名いた。ＰＴＡ活動で学校を訪れる保護者の関心も高く、たくさん声を掛けていただいた。

・　教職員も愉しんで聞いていた。嬉しいことに、私が学校を異動した後、掲示していた手書き原稿は、印刷して全職員に配布されたと聞いた。現在、私は、校長として手書きの学校便りを発行し、季節ごとの便りを伝えている。

（本村　一浩）

4　全校児童を対象にした詩や俳句の実践

一　私の「書く」

担任を離れて七年目になる。担任の頃は、児童の表現を豊かにするために図書資料を活用したり、友達の作品のよさに学ばせる工夫をしたりしてきた。主に創作の楽しさを味わわせながら、自主的に創作に向かう意欲を身に付けさせるように心がけてきた。技能面では、児童の作品の優れた所を取り上げて広めたり、個別の技能に合わせたワークシートや手引きの工夫をしたりしてきた。担任の指導で児童の作品が変化していく体験を経てきた今、担任の指導の重要性を実感している。それと共に、級外の立場であっても「書く」活動へ関わることができる。

二　勤務校の実態

四月より本校に勤務している。前任者との引継の中で、教頭の仕事の一つが、屋外掲示板の掲示物の作成・掲示であると伝えられた。月に一度、詩を選び掲示している。選ぶ際には、①「季節を感じさせる詩」②「だれでも読める短めの詩」③「いろいろな詩人の詩」の三つの観点に留意するようにした。児童は掲示板の詩をよく読んでいるということである。本校の児童は、素直で素朴な面があり、詩の紹介などをすれば、よい意味で影響を受けやすいところがある。しかし、積極的に何かに挑戦するという意欲には弱い面がある。

三　私の書く構想

昨年度、半年を過ぎた頃、掲示板の作品を全校の児童に募集したいと考えた。このまま自分が掲示し続けてもよいが、児童に作品を募集することで、創作の楽しさを味わわせ、表現の豊かさに気付くきっかけを作りたいと考えた。また、積極的に何かに挑戦する体験をさせたいとも考えた。そこで、次のようなスケジュールで作品の募集・指導を行った。

1「十一月の詩」の実践…（1）「十一月の詩」を呼びかける。（2）希望者に手引き兼ワークシート（筆者の自作の詩・コメント入り）を配布する。（3）書いた詩を集め、コメントを書いて戻す。（4）清書させる。（5）掲示する。

2「二月の俳句」の実践…（1）「二月の俳句」を呼びかける。（2）希望者に手引き兼ワークシート（俳句・季語の例入り）と季語の資料を配布する。（3）書いた俳句を集め、コメントを書いて戻す。（4）清書させる。（5）掲示する。

四　実践

1「十一月の詩」の実践

（1）「十一月の詩」の募集を呼びかけると共にちらしを配布する

十月下旬の職員連絡会で、児童に詩を募集する意向を職員に伝え、了解を得る。

十一月五日（月）の朝の時間に各教室に出向き、児童に「十一月の詩」の募集の説明を行うと共に、ちらしを配布した（資料1）。ちらしには、募集している詩を掲示する掲示板の写真や書いてみたいと思わせる呼びかけ文を載せた。低学年の児童でも読めるように、漢字には振り仮名を付けた。

資料1　児童に配付したちらし

「11月の詩」募集
毎月、体育館前の掲示板に「季節の詩」を貼っています。登校の時に、読んでいる人もいると思います。
11月は、児童のみなさんが書いた「詩」を掲示したいなと考えています。
そこで、11月の「詩」を募集します。チャレンジしてみようと思う人は、11月1日（木）から11月9日（金）までの昼休みに職員室の島所のところまで来てください。（2日と6日はいません。）

掲示板の作品は一作品のため、児童の創作意欲を損なわないように、選ばれなかった作品は別の場所に必ず掲示することを伝えた。

（２）詩の作成を希望する児童に手引き兼ワークシートを配布する

詩について、基本事項を指導してから書かせたいと考えたので、次の二点についてワークシートを工夫した。

一点目は、手引き兼ワークシートとする。二点目は、六か年の学習内容を考え、下学年用と上学年用を作成する。まず、教科書と指導書をもとに、六か年の詩の学習内容を整理した。

学年	詩の単元で学習する主な内容
一年	・詩の学習につながる季節の言葉
二年	・詩の定義「見た事や感じた事を短く書き表したもの」を知る　・題材を選ぶ観点「わくわくしたり」「どきどきしたり」「はっとしたり」などの様子を表す言葉　・擬態語、形容詞（副詞）、比喩、擬人法
三年	・気に入った詩を集める　・比喩、繰り返し
四年	・好きな詩を発表し一人一人の感じ方の違いに気付く　・野原の住人になって詩を書く ・擬声語、擬態語、リズム、繰り返し
五年	・色々な詩の楽しみ方を知る　・連、比喩、繰り返し
六年	・連構成の在り方、比喩、擬人法、反復、対句、擬声語、擬態語など既習事項の確認 ・詩における言葉の象徴性

教科書で扱う詩の題材が、下学年は、経験の中で見たことや聞いたことなどが中心であり、学年が上がるにつれて内面的なものや抽象的なものに移っていっている。詩の表現の技法は、下学年のうちから様々なものが出てきており、その後繰り返し出てきていることが分かった。

そこで、下学年用の手引き兼ワークシートは、実際の経験の中で五感を使って感じたことを基に、表現の技法にこだわるよりも楽しんで詩を作れるようなものにした（資料2）。上学年用の手引き兼ワークシートは、表現の技法を意識して使うようなものにした（資料3）。

資料2　下学年用手引き兼ワークシート（手引きの部分）

詩を作ろう（下学年）

◎ 見たことや感じたことを、短く書き表したものを、「詩」と言います。
わくわくしたり、どきどきしたり、はっとしたりしたことについて、イメージを広げよう。

〈れい〉

イチョウの葉

見たこと
・黄色
・チョウチョウの形
・くるくる回っている

聞いたこと
・カサカサ
・ヒューヒュー

におい
・草のようなにおい

感じたこと
・ダンスしているみたい

さわった感じ
・パサパサ
・つるつる

広げたイメージをもとに詩を作ってみました。

風とイチョウ

ヒュー　ヒュー
風がイチョウの木をたずねてきた。
「イチョウさん、あそびましょう。」
「はあい。」
イチョウの黄色いはっぱは、
チョウチョのように
高い木のてっぺんからまいおりてきた。
風とイチョウのはっぱは、
くるくる回りながら
まるでダンスをしているようだ。

資料3　上学年用手引き兼ワークシート（手引きの部分）

詩を作ろう（上学年）

◎　見たことや感じたことを、短く書き表したものを、「詩」と言います。次の詩を読んでみよう。

〈れい1〉

鈴虫

鈴虫三兄弟は、秋の音楽家
美しい音色で
鈴を鳴らす

長男の鈴太
「リーン　リーン」
「リーン　リーン」

長女の美鈴
「リン　リン　リン」
「リン　リン　リン」

次女の小鈴
「リ　リ　リ　リ　リン」
「リ　リ　リ　リ　リン」

今日も　息がぴったり
鈴虫三兄弟のハーモニー

①音楽家…鈴虫を音楽家にたとえている。【たとえ】

②鈴を鳴らす…人が鈴を鳴らすのにたとえている。【擬人法】

③「リーン　リーン」…鈴虫が鳴く音を表している。【擬音語】

④「リ　リ　リ　リ　リン」…鈴虫が鳴く音を表している。【擬音語】

⑤鈴虫三兄弟（長男の鈴太、長女の美鈴、次女の小鈴）…人間の三兄弟にたとえている。【擬人法】

〈れい2〉

黄金の海

1連
さわさわ
秋の風がふきわたる
稲穂の海よ

2連
さわさわ
海の波間に
見えかくれする
人のかげよ

3連
豊かなみのりをたたえた
黄金の海

①さわさわ…風のふく音を表している。【擬音語】

②稲穂の海…稲穂が実る田んぼを海にたとえている。【たとえ】

③海の波間に…稲穂が風にうねる様子を波にたとえている。【たとえ】

④黄金の海…稲穂が実る黄色の田んぼを黄金の海にたとえている。【たとえ】

⑤連…詩の中のまとまり

（3）ワークシートに書いた詩を収集し、よい点のコメントを書いて返却する。

全校で四十二名の児童が詩を応募した。その中から、六年生のA児と二年生のB児の作品を紹介する。

A児

秋

ざわざわ
秋の色にそまった
落ち葉

ざわざわ
冬の準備をはじめる
山の生き物たち

秋色にそまった
赤い山の中で
生き物は生きている

⬅

コメント
・「秋色にそまった」というたとえの表現が美しいです。
・擬音語が使えましたね。

B児

かわいい赤ちゃん

まっていたよ
やっと生まれたね
プニプニしてやわらかいね。
わらうとかわいいよ。
小さくてかわいいもみじの手みたい。
だっこするとミルクのにおい
「チュッ　チュッ　チュッ」
ゆびしゃぶりをするんだよ。
おなかがすいたのかな?
大きくなってね。
いっぱいあそぼうね。
大すきだよ。

⬅

コメント
・「もみじの手みたい」というたとえが上手です。
・生まれたばかりの弟か妹が　かわいくてしかたない気持ちが分かります。

全ての作品に、内容面や表現の工夫についてコメントを書いて返却した。

手引き兼ワークシートを渡してから詩を作らせたため、作品例を参考にして詩を作っている児童が多かった。

A児は、「ざわざわ」という擬音語を使うことができている。一連目では落ち葉の音として、二連目では、山の生き物が動く音として使っている。「秋色にそまった」というたとえの表現も使うことができた。連を意識した構成になっている。

B児は、「プニプニ」という擬態語や「チュッ　チュッ　チュッ」という擬音語を使うことができている。「もみじの手みたい」と赤ちゃんの小さい手をもみじの葉っぱにたとえることができた。

（4）清書用ワークシートに清書させる（略）

（5）作品を掲示する

A児の作品を屋外掲示板に掲示することにした。秋の山の紅葉だけでなく、冬の準備をする動物の様子までも想像して詩を作った点が素晴らしいと思ったからである。掲示すると、早速登校してきた児童が掲示した詩を読んでいた。（資料5）他の児童の作品は渡り廊下に掲示し、全校児童が鑑賞できる場を設定した。

2「二月の俳句」の実践

（1）「二月の俳句」を呼びかける

（2）希望者に手引き兼ワークシートを渡す（資料4）

資料4　手引き兼

俳句を作ろう

◎俳句は、五・七・五の十七音で作られた短い詩です。ふつうは「き（季）語」という、きせつを表す言葉が入っています。俳句の十七音の中には、しぜんの様子や、そこからかんじられることが表されています。

～春の季語を使った俳句のれい～

古池や蛙飛《かわずと》び込む水の音

・ひっそりとしずかな古池に、かえるが飛びこむ水の音が聞こえた。

☆春の季語には、他に次のようなものがあります。

春風　春光る　春一番　春の月　春の星　春の海　春の川　山わらう　雪どけ　春の朝　春あさし　卒業式　入学式　梅　つばき　すみれ　さくら　花　つくし　もくれん　ふじ　ももの花　パンジー　木の芽　チューリップ　ふきのとう　若草　なの花　蛙　チョウ　はち　はちのす　桜貝　春のゆめ　春分の日　ひな

「季語」を知りたい人は、図書館で『歳時記《さいじき》』をさがしてみましょう。いろいろな「季語」がしょうかいされていますよ。

春の季語を使って、俳句作りにチャレンジしてみよう。

（3）　ワークシートに書いた俳句を収集し、よい点のコメントを書いて返却する（略）

（4）　清書用ワークシートに清書させる

三年生には、お世話になった六年生へのプレゼントとして俳句を書かせた。二点紹介する。

梅の花　つぼみふくらみ　もう春だ

雪とけて　みんなに　春をつたえるよ

（5）　作品を掲示する（略）

五　変容と今後の愉しみ

担任ではないため、児童に日頃から詩に親しませたり、授業で詩の作り方を指導したり、個々の児童の実態に対応したりすることは難しい。しかし、級外という立場のため、一つの学年・学級の枠に捉われず、児童に働きかけることができるという利点もある。

今回、全校の児童に詩を募集することは、初めての試みであった。募集する際、掲示板に掲示できなかった作品は別の場所に必ず掲示することを伝えると、「全員貼られるんですか。」と嬉しそうに話しかけてくる児童がいた。

また、屋外掲示板に貼られることになった児童に、そのことを伝えると、普段おとなしい児童の表情がぱっと明るく変わった。児童にとっては、作品をほめられたり、掲示してもらったりすることは大変嬉しい体験のようである。今回のような体験を繰り返すことで、児童が書くことの楽しさを味わうきっかけ作りとなることを期待している。また、校内に児童の作品を多く掲示することで、児童の学習環境を豊かにしていくことができる。

資料5　屋外掲示板の詩を見る児童

今後は、児童の作品募集を短歌など他の言語活動にも広げていくのを愉しみにしている。

（最所　美紀）

5　読みたくなる「研究だより」を目指して

一　私の「書く」

研究副主任となり、校内研究の「特別の教科　道徳」について、教職員に、より理解をしてもらうために研究だよりを発行することにした。昨年度と同様に本校がこれまで取り組んできたことについて、伝達したいとの思いからの動機だった。

二　研究副主任として「書く」

昨年度より「研究だより」を発行してきたが、なかなか読んでもらえない。振り返ってみると、いくつかの改善すべき点があると気付いた。

- ○　たくさんのことを伝えようと、一枚にびっしりと書き込んだ。具体的には一号あたりA４用紙に四十六字×四十行ぐらい。↓文字だけびっしり詰まっていると読みたくなくなる。
- ○　短期間にたくさんの情報を伝えようとした。週あたり二号のペースで発行。↓読めないうちに次が来てしまう。
- ○　大学院で教えていることを生かし、大学院生が援用する教育理論の紹介をした。理論の説明が中心である。↓学校現場の教職員は具体的にどんな場面でどう使うのかを知りたい。
- ○　伝えたいことを思いつくままに書いた。↓読者のニーズとの不一致。

もちろんよかった点もあった。これについては継続して取り組んでいく。

○実際に教材を提示して説明するなど、具体例をふんだんに挙げた。
○本校の校内研究に即して、授業づくりに必要だと思われる順に手立てなどを紹介した。

三　私の「書く」構想

・読みたくなる「研究だより」のあり方をさぐる。
・校内研究で行っている「特別の教科　道徳」について、「研究だより」で教職員の理解を深める。

読み手に問題意識や欲求があり、十分な時間があれば、多い情報量であっても読みたくなり、読むであろう。しかし、多忙でなかなか時間が取れない教職員が多い上、授業づくりに直面したときにタイミングよく「研究だより」が届くとは限らない。多くの情報量を集中して出すよりも、精選した情報の「研究だより」を定期的に継続して出した方がよいのではないか。前年の反省を生かして次の内容で発行することにした。

○情報量を減らす。具体的には一号あたりA４用紙に三十六字×三十行ぐらいとする。
○週あたり一号のペースで発行する。
○教育理論のかわりに児童に話せるような話の種（今日は何の日など）を載せる。
○職員にインタビューし、その様子を紹介する。どんなところで困っているのか、分からないところはどんなところなのかを明らかにしながら、読者のニーズに応える内容にする。

四　実践

第一号は、インタビューではなく、「研究だより」の紹介、道徳の目標、コラムを掲載した。第二号からは、研究主任にインタビューをして、本校の道徳について語ってもらった。第三号、第四号とインタビューの対象を若い教職員に広げていきながら、広く質問を集め、内容の広がりを図った。それとともに新しい企画として、ある教材を取り上げて、みんなで道徳的価値や発問を考え、そのやりとりなども掲載していくことにした。

2018/06/11　No. 3

研究だより　**進むべき道へ**　重松景二

1　研究授業があります

今週は研究主任の提案授業がありますね。今後の方向付けとなる授業ですので今回はどんなところが参観の視点なのか聞いてみました。インタビューを読んでみて授業を見て、研究会に参加し、いろいろと質問してみましょう。○○先生もいらっしゃるので難しい質問にも答えていただけますよ。

重：もうすぐ提案授業ですね。今日は参観の視点について聞きに来ました。
山：今年度は、学び合う活動と評価を中心に考えます。例えば、学び合う活動のゴール像、それに至る取組などを提案したいと思います。
重：ほほう、これまでの伝達だけから一歩進んだ形の話し合いですね。これは、授業のどのあたりで見られますか。
山：いえいえ、まだ6月ですから、今回の授業では、進化形ではないです。
重：なるほど、今回の授業の姿とゴール像を結んで、今後どのようにステップアップさせるか考えていこうというわけですね。なかなか伝達から脱しきれない現状がありますからね。
山：そうです。それと、今回評価の観点について、これまでの「理解したこと」「これまでの自分」「これからの自分」から一歩踏み込んだ形での提案も考えています。評価規準と言ってもいいかもしれません。
重：前回、道徳的価値の話がありましたが、今回の授業では、どのような道徳的価値観が出てくると予想されま
山：今回は「よりよい学校生活」で
重：ありがとうございました。

紙面の都合上、詳しくは聞けませんで
次回は授業の感想などをあなたに聞き

研究主任へのインタビューを皮切りに、他の教職員に対象を広げていく予定である。対話を載せることで、「自分だったら」と置き換えて読んでもらう。

2　コラム

今回は6月22日です。

22日はかにの日です。語呂合わせでもなさそうですがなぜでしょう。学校の川にも時々かにがいます。はさみを持っているのではさまれそうでこわいという声も聞きますが、意外に痛くないですよ。つかまえてみませんか。

50音順で「か」が6番目、「に」が22番目だからというのも理由だそうです。それだけではありませんが…

そのまま教室で使えることが、担任にとって効率の良い情報となりうる。コラムに付け加えて、コラムを読んだ後、どのように児童に問いかけるのかヒントとなる情報も付け加えた。

インタビューによる情報伝達は好評で、養護教諭からは、「インタビューが面白いですね。保健だよりでも使ってみます。」という声をもらった。また、コラムについて学級担任からは「教室で話しました。もう少し長くてもいいですね。」という声があった。今後少しずつ増やしていく。

新採2年目の教職員にインタビューをしたところ、教材を提示して、他の教員がどんな発問を作るのかなど、いろいろなアンケートをとって、情報提供していく企画もある。

2018/06/18　No. 4

研究だより　**進むべき道へ**　重松景二

1　研究授業がありますが

今週いよいよ研究授業がありますが、研究授業を前にして、道徳の授業づくりについて聞いてみました。今回は２年目の辻田先生に聞いてみました。

重：日頃から道徳の授業を頑張っていますね。何か授業づくりで難しいと思うことってありますか。
辻：はい、発問作りが難しいです。
重：発問さえ決まれば授業が出来上がるなんてことも言われますからね。
辻：特に中心発問をどうするかがよくわからないんです。
重：辻田さんは２年生ですから、教材での中心発問に加えて、テーマ発問もしていくようになりますよね。まだ、ちょっと難しいかな。
辻：それもよくわからないんです。
重：そうですか、やっぱりそこを何とかしたいですね。そうすると、具体的な教材を持ってきて、これだったらどんな発問にするか意見を聞きたいね。
辻：そうですね、そんな研修があるといいなと思います。でも、どんな道徳的価値観を理解させるのかについて考えるのも難しいです。
重：では、教材を決めて、いろいろな人にインタビューしてみましょう。早速、教材を決めてください。
辻：２年生の「黄色いベンチ」はどうでしょう。有名な教材ですよね。
重：いいですね。では次回は新企画。「教材を見て扱う道徳的価値観と発問を考える」にしましょう。

次回、「黄色いベンチ」の教材を載せます。インタビューしに行きますので、考えてくださいね。どんな発問が出たのかまとめて発表します。

2　コラム

今回は６月26日です。

26日は露天風呂の日です。露天風呂って知っていますか。初めて入ったとき、こんなに気持ちいいものかと感動したことを覚えています。ちなみにこの日は語呂合わせです。考えてみてください。

ろ（6）てん（・）ぶ（2）ろ（6）ということで６月26日なのです。前回語呂合わせという言葉を使いましたが、実際にどんなものかここで復習して子どもたちにいろいろな語呂合わせを作らせると面白いですね。露天風呂の思い出を子供たちに話すのもいいですね。

現在100字で書いているコラムであるが、前ページのような担任からの声により、今後は150字程度まで増やしていく。ただし、あくまでも中心は研究の情報とする。

五　考察と日常化

今のところは愉しみながら読んでもらっている。インタビューが効果的なようだ。今後はインタビュー対象を増やし、「あの先生もこんなことで困っているんだ。」とか、「あの先生の工夫をまねしよう。」など、安心感をもてたり、教育資源の共有化ができたりする紙面づくりに取り組む。そうすることで読みたくなる「研究だより」となる。教職員の道徳に対する理解を深めていけるように、さらに読みたくなる「研究だより」へと発展させていきたい。

（重松　景二）

6　親子（教師と子）で愉しむ詩づくり（四年生）

一　題材

・詩を楽しもう「のはらうた」（光村図書四年下）
・詩を書こう　「野原に集まれ」（光村図書四年下）
・「のはらうた」工藤　直子
・「のはらうたカレンダー」　くどうなおことのはらみんな　詩
　　　　　　　　　　　　　ほてはまたかし　版画

二　目標

・家庭学習（自主学習）を主体的な取組にさせる。
・詩をつくる楽しみを味わい、「書く」活動（詩づくり）への意欲につなげる。

三　学習の実際

1　実践の概要

本教材には、工藤直子の「のはらうた」が四編掲載されている。学校の授業では、音読指導の後、「だれになるか考える」「どんな人物かを考える」「詩を書く」「詩を紹介する」という流れで詩づくりが進められる。

本実践は、家庭学習である「自主学習」において、我が子と協働的な「詩づくり」を目指した。学校では、「なりきる」をキーワードに「どんなことを思っているか」「何が見えたり聞こえたりするか」を問いながら授業が進められるので、家庭でもこのキーワードを意識して取り組むことにした。期間は、わが子が家庭学習（自主学習）に詩の視写をしていた十一月から三月まで。週二回程度、家庭学習（自主学習）が出されたときの実践である。

2　実践の手立て

家庭学習という面から、本人の自発性を促すようにした。音読の宿題の後、自発的につくっていた詩を一緒に音読し、「なりきって書いたところ」を紹介させ称賛することで、自己有用感を味わわせ、次への意欲を持たせるようにした。

今回は、「書くこと」に重きを置いていたので、コメントやアドバイスを与えていく中で、親子で詩づくりを愉しむ雰囲気を作った。意識的に使ってほしい技法は、以下の三点である。

・調子を整える（リズム）
・言葉の組み合わせ
・別の言葉に言い換え

（モデルは、「のはらうた」から自分で見つけさせる。親は、称賛しながら上記の技法等を意識して、詩づくりにかかわる。）

【実践1】調子を整える

【アドバイス前】

冬は行っていないけど、
夏になると森や林から音楽が聞こえてくる。
それは、ぼくたちが歌っている声。
秋になるとすず虫やコオロギたちに交代する。
寒い季節はずーっと休み
夏になると、また毎日音楽会があるよ。
うるさいかもしれないけれど、
がまんしてきいてね。

【アドバイス後】

冬は行っていないけど
夏になると　森や林から音楽が聞こえてくる
それは　ぼくたちが歌っている声
秋になると　すず虫やコオロギたちに交代する
寒い季節はずーっと休み
夏になると　また毎日音楽会があるよ
うるさいかもしれないけれど
がまんしてきいてね

家庭学習であるので、興味関心を持たせながら取り組むことが大切である。

導入として、「句読点」「改行」「連」を意識させ、リズムよく読めるようにとのアドバイスで、【アドバイス後】のような作品に変容した。

本人の創作意欲を持たせるために、工藤直子の「のはらうた」の本やカレンダーを紹介し、より多くの作品に触れさせるようにした。

音読の宿題も出ていることから、作品も必ず声に出させることで、リズムよく読めるかという意識を持たせた。「書く」「読む」「書き換える」という流れを作ることができた。

【実践2】モデルを参考に創作する

○モデル（工藤直子作）

はるのうた
おたまじゃくし
　　　　わたる

（本文省略）

○作品

かえるの歌　ケロちゃん
ドレミファミレド
ミファソラソファミ
ド・ド・ド・ド
ドドレレミミファファ
ミレド
私たちは毎日
この歌を歌い続ける

「はるのうた　おたまじゃくしわたる」は、とても気に入っている詩の一つであった。いろいろなリズムで音読し、歌うように声を出すようになった。

何気なく「続きが書けるかな」と言った後に書いたものが、本作品である。「続き」という指示には、「真似をして言葉を入れ替えて書く」意図であったが、「おたまじゃくし」から成長した「かえる」に視点を変えて書いている。発想のおもしろさや、音楽を取り入れたことを称賛し、一緒に音読しながら、リズムを愉しんだ。

「のはらうた」は、虫や動物、雲などを題材にした作品がたくさん編集されている。学校でも、授業の際には、読書指導として紹介されているが、本実践のように、家庭学習の中で親子で取り組むことができる。

本作品をつくり、音読で楽しんだ後、「音楽を取り入れられそうな詩はないかな」と提案したところ、「もしもしかめよ」「どんぐりころころ」「めだかの学校」等、知っている歌を愉しみながら書き出していった。

「のはらうた」の題材をモデルにした取組であったが、本実践のようなやりとりを通していくことで、アイデアを広げるヒントが見つけられる。わが子も新しい視点を獲得し、「また、つくろうよ」と、さらに意欲的に取り組むようになった。

【実践3】自由に創作する

○モデル（工藤直子作）

ねがいごと　たんぽぽはるか

（本文省略）

○作品

私たちの夢　たんぽぽ　ひらり

私たち　たんぽぽのわた毛には
生まれた時からの夢がある
それは　小さい間に
風さんに送ってもらい
地球一周して
遠いところにたどり着くこと
そして　たんぽぽいっぱいの世界にすること
そして　**私たちを大事にしてもらうこと！**

これまでに、二十編ほどの詩づくりをしてきた。実践1や実践2だけでなく、「繰り返し言葉」「五七調」「オノマトペ」等の、技法を意識した声かけも行った。

本作品は、本人は意識していないと思われるが「ねがいごと　たんぽぽはるか」（のはらうたⅢ）をモデルにしている。「ねがいごと」で繰り返される「あいたくて」を具体的な言葉で置き換えている。わた毛になりきり、できるだけ遠く、広く飛んでいくことで、仲間を増やしたいという気持ちが伝わってくる。

「私たちを大事にしてもらうこと！」には、父親が庭掃除をしているとき、タンポポを根こそぎ取っている姿があったからだという。日常生活が詩づくりに大いに影響することが見える作品となった。

四　考察と日常化

本実践は、家庭学習という特定の場での取組である。自由度が高く、親子に加えて教師も詩づくりへの関心・意欲を高めていき、長い期間継続できる実践となった。成果として以下の二点。

○　音読を通して、リズムを意識した詩づくりができるようになった。

○　工藤直子の詩にたくさん触れ綴ることで、たくさんの技法や感性に触れることができた。

本実践の目標である「家庭学習を主体的な取組にさせる」について、家庭学習の充実は、学力向上のために、これまでも大きな課題とされてきた。また、自主学習についても、多くの取組を耳にするようになったが、条件等が与えられず、ただ自由に紙面を埋めるという状況もあり、賛否も分かれる。本実践は、「親子で取り組む」という視点に加えて、教師参加で臨んだことで、主体的な取組になった。

「詩をつくる楽しみを味わい、『書く』活動への意欲につなげる」については、たくさんの技法や感性に触れることができただけでなく、長い期間継続できる実践となったことからも、「書く」活動を愉しむ姿が見えてくる。

本実践を通して詩づくりを味わうだけでなく、教科書の音読や川柳の創作にも興味を持ち始めた。我が家で定期的に、夕食の様子を川柳で伝え合う「夕食川柳」の中でも、語彙量の増加や技法の多様さを感じることができた。

今後も、定期的に教師も加わった家庭学習に関わり、書くことを愉しむ親子に育っていきたい。

工藤直子の詩を大切にしつつも、少しずつ他の詩人の世界へと広げていきたい。広い広い詩の世界へ親子で進んでいくのが愉しみである。

（長野　篤志）

7　教師の表現生活を児童の書く愉しみへ広げる

一　教師の表現生活と児童の言語経験

初任者研修指導の担当四学年の児童が「みんなで新聞を作ろう」（東京書籍四年上）の学習後、「『ことわざブック』をつくろう」（東京書籍四年上）の学習を進めている。筆者は、出勤前のわずかな時間を利用して自宅のカーテンを取り替えようと、急ぎ乗っていた椅子から足がすべり、背もたれに脇腹を強く打ちつけた。近まっていた運動会当日に勤務できるか心配した。五週間以上がたち、やっと最近少しよくなった。「急がば回れ」である。このことを「ことわざ」を使って日記を書くことに活かそうとした実践である。

実践にあたり、書きためていた他日の日記とあわせて「夏新聞」を作り、「みんなで新聞を作ろう」から、個人で一つの新聞を作る愉しみへ広げることを考えた。その際、次のことを意図した。

① 出来事を日記に書きためておき、その中から選択して編集し自分新聞を作る方法を示す。そのため、「五年日記」を紹介する。五年後、児童は中学三年生である。このことで、「複数年日記」を書く愉しさへ誘う。

② 「夏新聞」とあわせて、書きためていた「旅新聞」を紹介することで、夏休み前の児童に、夏休み中の旅行等での出来事を新聞にする愉しさへ誘う。

③ 「五年日記」や「夏新聞」で紹介する記事の題は伏せておき、児童に考えさせることで、表現の工夫の一つとして題に着目させる。

④ 学習中の「ことわざ」を話題にする。他の領域の学習も「書くこと」につないで考えることで「書く」引き出しが増える愉しみへ広げる。

二　指導の実際（七月）一時間

1　教師作「夏新聞」（「夏新聞」「五年日記」共に左記「佐賀編」の部分を主に話題にした。□は伏せ字）

夏新聞

令和元年八月十九日

4年
多々良

佐賀編

□ア□

　五月二十一日、昨夜おそくやっとカーテンがとどいた。今朝着がえた後、「善は急げ」と、出勤するまでのわずかな時間に、カーテンを取りつけることにした。いすに乗り、せのびをしてレールにカーテンを取りつけようとしていると、足がすべり、せもたれにわきばらを強くうちつけた。

「□ア□」である。

京都編

□イ□

七月の豪雨

　七月六日夕方、翌日からの京都でのお花の講座に向け、佐賀駅に着いたが、豪雨のため、交通機関が混乱している。新鳥栖駅までタクシーで向かい、新鳥栖駅から博多駅まで新幹線で着いたが、宿が満室。新鳥栖駅まで新幹線で帰る。佐賀まで電車がない。タクシーに長蛇の列。夜遅く、佐賀への臨時列車（二両編成）が出るとのアナウンスがあり、やっとのことで佐賀に着いた。

　七月十日、郵便が届いた。お花の講座の振替授業の日程案内だった。今回の大雨による交通機関の乱れのため、欠席した日に限る特別の措置だった。早速申し込んだ。

□ウ□

帰りの新幹線と特急列車

　八月六日、京都からの帰りの新幹線の三列席の中央にやっと空席を見つけ、大きな荷物と共に席に着いた。窓側の方から、

「どちらまでいらっしゃいますか。」

と声をかけられた。

「博多までです。」

と答えると、席を替わってくださった。

　博多で特急列車に乗り換えた。途中、列車が止まった。車内で具合が悪くなった方がいらっしゃり、その対応のため、次の駅に臨時停車するとのことである。臨時停車後、しばらくして、回復されたとのアナウンスが入り、列車は駅を出た。回復されて何よりである。ほっと胸をなでおろした。

　新幹線では恩を受け、続く特急列車では、人を待ち、心配した。「福禍」といえば大げさであるかもしれないが、「禍福はあざなえる縄のごとし。」

　旅に人生を見た思いがした。

2　教師作「旅新聞」（児童から新聞の書き方について質問：左記「見立ての文化」の部分を話題※語句説明）

旅新聞

平成三十年八月十八日　3年　多々良

今日は何の日（百字）

「こめかみ」。耳の上部と目じりとの間の、物をかめば動く所（広辞

見立ての文化

「のりの屏風」と「抹茶で枯山水」

七月二十七日、夕方東京に降り、おにぎりセットと抹茶パフェを注文した。

おにぎりセットにはのりが添えられていた。板の上にのりが立ててあり、さながら屏風である。店のマークが切り抜かれ、模様となっている。

抹茶パフェの登場。ますの上部をおおう平らな抹茶が枯山水風に波打っている。まるで松葉ぼうきであとをつけたかのごとくである。ほうずきは、石か。

のりの屏風と抹茶の枯山水。京都の粋を東京に見た。

※・「屏風」…室内の仕切り
・「枯山水」…京都の寺等の庭で水を用いず石と砂で山水を表す
・「粋」…あかぬけている

3　児童の反応

（1）めあて「どんな題をつけるか考えよう」

前述③「夏新聞」ア にあてはまる題を考え、班で話し合い、発表。

一・三班の発表：「（多々良）先生もいすから落ちる」

C（一班）：「多々良先生は、カーテンの取り替えは得意ですか。」

T：「もし、私が、カーテンの取り替えが得意だったら、『多々良先生（さる）も木から落ちる』なのですね。」

二・五・八班：「急がば回れ」　六班：「かっぱの川流れ」

四班：「転ばぬ先のつえ」

七班：「泣きっ面にはち」

（2）まとめに係る発言

T：「どんなまとめにしましょうか。」

C（七班）：「人によってことわざは変わる。」

T：板書「㋮人によって題（ことわざ）は変わる。その人らしい題をつける。」

（「急がば回れ」が多かったが、一・三班のような例等も考えられる。）

（3）振り返りの記述より（筆者が児童の記述を左記の四観点で分類）

①　日常言語生活「書く」（日記）に係る愉しさ
・多々良先生に五年間の日記帳を見せてもらって、わたしも大人になったらしてみたいです。
②　日常言語生活「書く」（新聞作り）に係る愉しさ
・いろいろな新聞を見て、自分でもつくってみたいなあと思いました。
・ぼくも、旅新聞を書きたいなあと思いました。
・ことわざのことをもっと知って新聞を作ってみたいです。
③　題に係る愉しさ
・新聞の見出しにことわざを使えることを知った。
同じ意味をもつことわざもあるので、選ぶ人らしい題ができる。
・ことわざで題をつけることができると初めて分かった。
・これからことわざで題をつける。
④　ことわざに係る愉しさ
・ことわざはいっぱいあるから、自分に合うことわざを見つけてみようと思いました。

三　展望

児童の振り返りを見ると、③題の選択肢に「ことわざ」が加わり、①②日常言語生活「書く」（日記、新聞作り）へつながる契機となっている。児童の言語経験に教師の表現生活（日記、新聞作り）をあわせて取り出すことで、児童の書く愉しみを広げる。私の書き続ける愉しさにつながった。

低学年では『とん　こと　とん』（東京書籍：一年上）等を例に、題の選択肢にオノマトペを加えたり、高学年に向かっては、故事成語、俳句、短歌を話題に書くことを選択肢に加えたりし、日常言語生活「書く」愉しみへ広げる。

（多々良　美由紀）

8　「今日は何が書いてあるのかな」
～玄関黒板は先生の作文用紙～

一　児童の姿と教師の意図

近年、小学生は、学年が上がるにつれ読書冊数や読書時間が減少傾向にあることが問題になっている。勤務校においても「文章を読むのが面倒」と思っている児童もおり、そのことが国語だけでなく、他教科の学力にも影響し、問題の意味の理解が十分でないために、適切に回答することが困難な児童も見られる。さらに読むことだけでなく書くことに対しても意欲が低い児童も多く、授業や学校行事など様々な場面で、感想を書くための用紙を配付すると「全部の行に書くのですか？」と文章の量に負担を感じているのが現状である。

一方、担任をしていない教師は、国語の授業をしたり、学級通信を書いたりする機会がなくなり、「児童のために書く」ことから遠ざかってしまう。担任をしていた頃、児童の作文や日記にコメントを書いて返したとき、真っ先に教師の赤ペンの文字を読む児童の姿は、今思い出しても温かい気持ちになる。児童は、教師が書いた文章を読みたがっているのである。そこで担任をしていなくても、教室以外の場所で、児童のために何か書きたいという想いから本実践を行った。

二　取組の概要

全校の児童が、毎日気軽に読むことができるように、玄関黒板を「先生の作文用紙」とすることにした。児童の関心を高めるためには、できるだけ日替わりで書くことを重視し、作文のテーマを「今日は何の日」（平成二十九年度）、「今日のきらりさん」（平成三十年度）として取り組んだ。「今日は何の日」は、過去にあったその日の出来事や記念日、二十四節気などについて、歴史的事実や由来、それに関連した地域や学校の様子を書いた。「今日のきらりさん」は、児童の生活の中から、きらりと光る姿を見つけ、その子の名前とその姿を書いた。文章の長さは、児童が黒板の前を通りすがりに読める程度に心がけた。児童が毎日黒板の前に立ち止まって読んでいる姿は大変微笑ましく、黒板が書き換えられていないと「先生、『今日は何の日』を書いてください。」と職員室に言いにくる子も現れ、教師も毎日愉しく書くことができた。

「今日は何の日」が児童に「読み物」として定着した頃、児童の「書くこと」につなげたいと考え、黒板のそばに「チャレンジミニ作文」のコーナーを設け、Ａ５用紙に罫線を引いたものを準備した。また、児童に、言葉を生み出す愉しさを味わわせるために、以下のような条件を設定した。

> 黒板に書いてある文章の中の言葉や漢字を一つ選び、その漢字や言葉を使って作文（教師作の文章と同じテーマ「今日は〇〇の日」や「今日のきらりさん」についての感想、創作や生活文など）を書く。

児童が書いた作文は、教師のコメント（感想や漢字や言葉を使うことができたことへの賞賛など）を書き、黒板の横にその日のうちに掲示した。

チャレンジミニ作文

先生が黒板に書いている文章から言葉を一つ見つけて、ミニ作文を書いてみませんか。

一文……◎　三重丸

二文……　花丸

三文……　花丸葉っぱつき

書いたら、職員室の今泉先生のところへ持ってきてください。

【ミニ作文への誘い】

使った漢字「山」
昨日、ぼくは、山に登りました。

【◎の例】

使った漢字「山」
昨日、ぼくは、山に登りました。坂道がきつかったです。

【　の例】

使った漢字「山」
昨日、ぼくは、山に登りました。坂道がきつかったです。でも、頂上で食べたお弁当はとてもおいしかったです。

【　の例】

三　教師の作文と児童の作文（点線枠内は教師のコメント）

二月十九日
今日は、二十四節気《せっき》の一つ「雨水《うすい》」です。空から降るものが雪から雨に代わり、農耕《のうこう》の準備を始める日とされてきました。まだまだ寒いですが、春は少しずつ近づいています。

【教師の作文「今日は何の日」】

十一月十四日
六年　K・Mさん
昨日、Mさんは放課後学習会が終わると、「今日、いっぱいできた！」と笑顔で言っていました。こんな気持ちになったとき、ぐんと力がつくのです。勉強して笑顔になれるってすばらしいことですね。

【教師の作文「今日のきらりさん」】

使った漢字「雨」
学校から帰ると中に雨がふった。そこらへんの店で、雨宿りした。ようやく雨がやんで家に帰った。帰ったら、雨もりしていた。おばあちゃんといっしょに、雨もりの片づけをした。

「雨」を「あめ」だけでなく「あま」とも読みましたね。「雨宿り」「雨もり」たくさんの言葉、すてきです。
「う」という読み方も使えたらいいですね。

【３年Ａ児の作文】

使った漢字「（K・Mさんの名前）」
K・Mさんは、私といっしょの習字に行っています。K・Mさんは習字が上手で、私もK・Mさんみたいになりたいです。

K・Mさんにあこがれているのですね。たくさん練習して上手になってください。K・Mさんは、Bさんのこの作文を読んで、きっと喜んでいると思いますよ。

【４年Ｂ児の作文】

四　今後の展望（担任外の愉しみ）

教務主任となり、担任とは違う立場で「教師が書く」取組を行った。児童のために何か書きたいという想いから始めた玄関黒板の作文「今日は何の日」は、児童は毎日内容が変わることに興味をもち、よく読んでいたが、教師の作文の一方的な提示になっていた。その頃、本研究会の学習会の中で、白石寿文先生から「三文物語で語彙学習から語彙学習に」についてご教授いただき、玄関黒板の教師の作文を児童の書く活動につなげられるのではないかと考え、「チャレンジミニ作文」の取組を実践した。校内の一部の児童の取組ではあるが、「教師が書いた作文を読み、児童が書く」という教室外での書く活動を行うことができるようになり、二年間で、百以上のミニ作文が集まり、掲示板がいっぱいになった。さらに、平成三十年度より、勤務校は義務教育学校となり、前期課程（小学生）と後期課程（中学生）の児童生徒が同じ校舎で過ごすことになった。その年に取り組んだ「今日のきらりさん」には、前期課程だけでなく後期課程の生徒の姿も書いたところ、黒板に紹介された生徒が「今日僕のことを書いてくれてありがとうございます。」と言いに来たこともあった。また、授業参観に来校されたある保護者の方は「黒板を写真に撮りました。お父さんに見せます。」と、地域の方は「学校に来るたびに読むのを楽しみにしています。」と言われこともあった。

「教師の愉しみ」として書いた玄関黒板の作文は、児童に「読む愉しみ」だけでなく、「書く愉しみ」へと広げることができたと実感している。今後もテーマを工夫し、児童が立ち止まって読みたくなる文章を書き続けると思うと胸がおどる。

（今泉　博枝）

9　特別な支援を要する児童も「書きたい」と愉しんで書く工夫

児童の書字能力の困難さや、文章を書くことへの苦手意識の高さを軽減するために、国語科や、特別活動で誰かにあてて書く手紙等、いろいろな場面での書く活動において、教師例文を提示してきた。しかし、いろいろな書き方にふれさせることができる点では効果的なものの、仕上げられた児童の作品は例文の抜粋にすぎなかった。

いつしか本学級の児童がどうすれば、苦手意識を克服し、自ら鉛筆を持ち「書きたい。」と言ってくれるか、自分の言葉で書けるかを考えて、工夫をすることが教師の愉しみとなった。作文枠やワークシート、掲示、さらには児童とじっくりと話をして出来事や気持ちを振り返る語らいの時間を持つことや、言葉かけ、目的意識の持たせ方、手立ての工夫など様々なアイデアを試すようになった。

一　自閉症・情緒障害学級A児　第四学年から第五学年までの事例

1　児童の実態

小学四年生四月の段階で、ひらがなやかたかなが十分に定着しておらず、文字を見るだけで嫌がる状況であった。分からない時にいらいらする感情を抑えきれなくなり、机やいすをたたいたり蹴ったりして、指導を受けると暴言をはくなど国語の一斉指導に参加することが困難な状況だった。そのため五月より自閉症・情緒障害学級において国語の個別指導を実施することとなった。五学年時は本学級に在籍し国語と算数と、自立活動の学習をした。

2　教師の願い

当該学年までの既習の文字の読みと二年生までの漢字、基本的な言語事項を習得し、学習の場だけではなく、日常生活の中での喜びや悲しみ、怒りなどの自分の思いを表現する手段として書くことができるようになってほしい。

3　児童が「書きたい。」と言い、筆を持つまで（第四学年五月から十二月まで）

国語の時間を十五分ずつに分け、既習事項の指導、当該学年の指導、お楽しみの時間に設定した。既習事項については、主に一・二年生の漢字の読み書き、基本的な言語事項のワーク、低学年の教科書の音読、当該学年の指導については、新出漢字の学習、ふりがな付きの音読、内容の読み取り、お楽しみの時間に言葉作り遊びなどに取り組んだ。鉛筆を持つことも拒むため、交流学級や廊下に掲示する作品については児童に語りかけながら作文をして、教師がその作文を文字にして手本を作り、一日数文字ずつ数日かけて視写させて完成させた。あらゆる場面で書くことを強制せず、語らいの時間を大切にし、書く必要がある場合には教師が代筆したり、（　）抜きにして、一部のみ書かせるようにしたりして書くことへの苦手意識を軽減した。

自分の作品やプリント類も見直すことはほとんどなくすぐ捨ててしまうので、教師が児童の作品を宝物のように扱い、廊下からも他の教師や友だちの目に届き、賞賛の言葉をかけてもらえるよう、教室の出入り口付近にボードを置き掲示するようにした。

実際の指導例（二月には濁点以外のひらがなを全部かけるようになった。）

時期	テーマ	めあて	教師の手立て
第四学年五月より	縦二十センチ横二十センチの大型カードで言葉づくり。	条件（文字数・使うカード）を決めてことばづくりができる。	三センチ×三センチのラミネート加工をしたひらがなカタカナカードを用意したが、本児童には文字が小さく見えた。ダイナミックな活動を好むため二十センチ×二十センチの画用紙の大型カードを床に広げて取り組ませた。

時期	テーマ	めあて	教師の手立て
六月	壁新聞づくり テーマ新聞の作成	写真から、したことを思い出し、相撲大会についての作文づくり。見出しやレイアウトについて理解することができる。	**テーマ設定の工夫** 児童が自信をもっている「相撲大会」を題材に設定する。 **ことばを引き出すための工夫** 試合中の写真を提示し教師と語らい、思い起こさせる。 **やる気を引き出す工夫**　一部空欄をうめる形での作文にする。 児童が大好きな養護教諭へのインタビューを掲載する。
七月	絵（写真）日記	絵や写真をもとにしたことや思ったことを書くことができる。	**テーマ設定の工夫** 児童の生活のなかでの出来事を題材に設定する。 **ことばを引き出すための工夫** 教師と語らいながら、したこと、その時の気持ちを思い出させる。 **やる気を引き出す工夫** 字数にとらわれない罫線十行のみの作文枠をラミネート加工し、特別感のあるホワイトボードマーカーで書かせる。
二月	創作絵本 主人公を設定し、自分で描いた三枚の絵でお話作りをする	「はじめ、中、終わり」の構成でひと場面ずつ絵を書き、お話づくりをすることができる。	**ことばを引き出すための工夫** 前時までに学習した「順序を表す言葉」「時間を表す言葉」を掲示しておき、取り入れさせる。 **やる気を引き出す工夫** 児童が描いた絵に吹き出しを入れ、せりふを書かせる。 **時間の系列を感じ取るための工夫** 教師の作品例を自分の作品と並べ時間の流れをつかませる。

創作絵本に取り組んで間もなく、楽しい出来事をしきりに話してきた。その出来事を日記にしてみることを勧めた。すると「書きたい。」という言葉を初めて口にした。教師と話をしながら書く時間を愉しみ、仕上がった作品への称賛を受け、児童はにこにこ笑顔で交流学級担任に見せに行った。共に過ごして十か月過ぎたころだった。

4 「書きたい。」と言ってから

「書きたい。」と言ってから、教師と話をしながら日記を書く日が続いた。日記への手立ては次のとおりである。

時期	テーマ	めあて	教師の手立て
第四学年二月から第五学年九月まで	行事日記を書く（金曜日）	書き出しや結びを選び、思ったことや考えたことを書くことができる。	**ことばを引き出すための工夫** 書き出しや接続詞を書き入れておく。 文末の例を大きめの単語カードにしておく。（ラミネート加工） **やる気を引き出す工夫** 簡単に間違い字が消せるよう、ラミネート加工をしておく。 特別感のあるホワイトボードマーカーで書かせる。 書いた字を消すことなく誤字や接続詞の間違いを書き換えることができるよう、白いビニールテープとはさみを用意しておく。

日記を書くことを通して、漢字への興味も高まり、当該学年の新出漢字も日記に使うことができた。また、教師とともに日記を読み返す時間が、語彙を広げる場となった。週に一回の日記を教師と話しながら、愉しんで書けるようになったので、二学期のスタートとなる十月から、基本的な生活習慣の振り返りの欄を上半分に、下半分には日付、題名と百字分のマス目を入れた用紙を与え毎日書かせた。これまでのように掲示するのではなく、

ファイルに綴じ、書き溜めていく愉しさを味わえるようにした。その中で、基本的な言語事項の指導にも取り組んだ。

テーマ	めあて	教師の手立て	児童の作品	書いた後の教師の対応
「二学期のめあて」	「学習面」「生活面」の目標を書くことができる。	「学習面」「生活面」のキーワードを提示する。可動式黒板に常設している作文アイテムコーナーから順序を表す言葉のカードを渡す。	**題　二学期のめあて** ぼくのめあては、まず字をていねいに書くことと、漢字や作文が得意になることです。次に生活面では無言そうじをすることと、早起きをして、身だしなみを整えることです。このめあてがたっせいできるようにがんばります。	朱書きを入れると、書くことへの意欲をそいでしまうので、「は・を・へ」や、句読点、接続詞のみ朱で修正を入れコメントは言葉で伝えるようにした。
「言われて嬉しかった言葉」	会話文から書き始めることができる。	その言葉をもらえた理由を尋ね文章化したカードにして持たせた。アイテムとして、会話文用のかぎのカードを渡した。	**題　ほめられたこと** 「字がじょうずですね。」と○○先生が言ってくださいました。とてもうれしかったです。去年から、漢字とひらがなとカタカナをいっしょうけんめいれんしゅうしてきてよかったと思いました。これからもがんばります。	うれしい気持ちを書くことで、喜んで書くことができたことを認めたり、字を丁寧に書くことができた点や敬語を使うことができた点をほめたりした。

「くらべっこ日記」
いくつかのことを 比較して書くことができる。
食べることが大好きなので掲示している献立表から話題を見つけさせた。「その理由は」というカードを渡した。
題　くらべっこ日記 ぱんとめんとごはんでは、ぼくはごはんがすきです。その理由は、ひとつのこめに七人の神さまがいるときいたからです。だからおいしそうです。二ばんめはめんです。つるつるとしたしょっかんでとてもおいしいです。
聞いた話を引用して書いていた点、進んで「二番目は」というナンバリングの言葉を用いた点を認めた。その際、児童が書いた字に重ならないように、文章の横に朱線を入れ小さな花丸を添えた。

順序を表す言葉や気持ちを表す言葉のほかに、「つるつるとした食感」という五感を表すことばもでてきた。

毎日学校図書館に通い、一冊は教師と一緒に、もう一冊は自分で本を選択させ、日常的な読書に取り組んだ。朝読書で静かに一人読みをすることに加え、聴覚からの情報を大切にし、絵本や詩、低学年の教科書の読み聞かせを継続した。効果的であった。漢字も、積極的に使うようになった。十二月末には読書感想文を書きたいと言ったので、一緒に読書をして教師と話しながら書き上げ、出品できた。一〇〇字日記は、始めてから一か月で、一人で書くことができるようになった。毎日欠かさず書く習慣も身に付き、二月初めに七〇〇〇字に到達したことから、進級まで一〇〇〇〇字を目標に掲げ、内容に対するコメントを入れるようにした。例えば「自分が一番書きたいことを選んで書くことができましたね。」「〇〇するときに気を付けているところまで書くことができましたね。」などである。すると、一番伝えたいことを焦点化して書けるようになってきた。今年度目標は達成し、校長先生からも励ましのお言葉をいただいた。児童のかつての苦手意識が自信に変わり、これからのエネルギーになっていくに違いない。

二　自閉症・情緒障害学級B児　第五学年から第六学年までの事例

1　児童の実態

書字障害のため特別な支援を受けることとなった五学年児童の事例である。文章を書くことへの苦手意識が高く、与えられた課題の字数に到達するように同じ文章を何度も繰り返したり、主語と述語が成り立っていなかったりすることが多かった。何事も「早く終わらせなければ」、「できるようにならなければ」と焦り、いらいらしがちであった。交流学級での活動に参加することが多く、週に一回の自立活動の時間と、単元によって、国語と算数の個別指導を行った。児童自身は漢字を覚える能力がないと思っていたようであるが、心を落ち着けて覚えることに集中できる時間と空間とを設けると、当該学年の読み書きが定着するようになった。集団の前でのスピーチの際には緊張して覚えたことや、手順を忘れてしまうことがあるので、その際の手立ての工夫も必要だった。

2　教師の願い

自分の考えが相手に伝わるような文章を書くことができるようになってほしい。また、人前で話したり説明したりする際の補助的なものとして作文を活用できるようになってほしい。

3　児童への手立て

本児童に対しては、書き慣れを目指し、同じように一〇〇字日記に取り組んだ。ひらがなばかりで書きがちであったので使った

児童に提示した構成のカードの一例
（日記の場合）

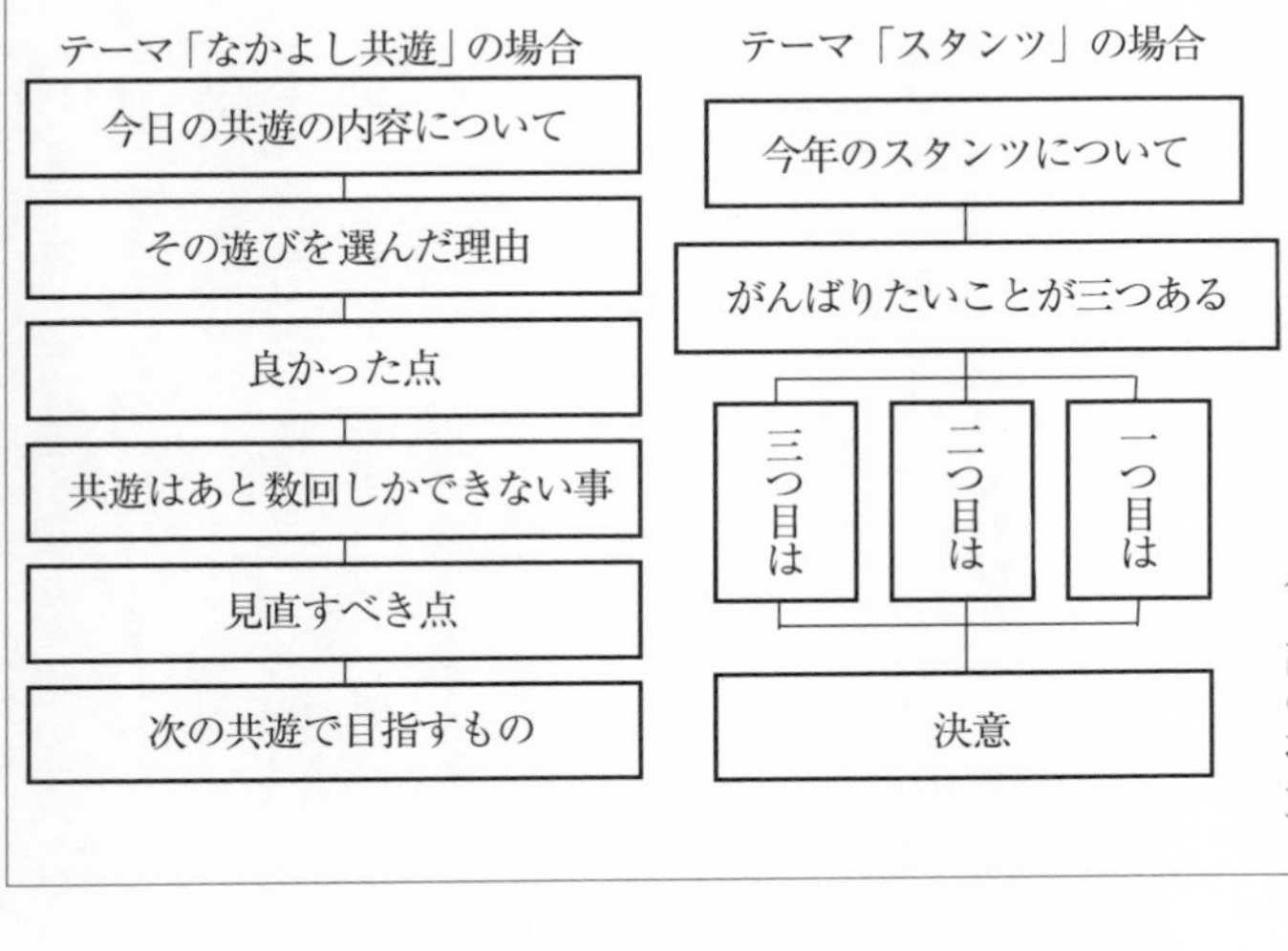

漢字を最後に数えさせることにした。六学年に進級してからは、毎日、始業前に、日記を一五〇字から一七〇字、文章構成に気を付けながら教師と書くことに取り組んだ。

本児童は、白紙の状態で何をどう書けばよいのかを考える時点で頭が真っ白になり、「どうしよう、どうしよう。」とつぶやきながら焦りを見せることが多かった。教師の作文を提示しても「先生は、大人だから書けるんだ。子どもに書けるわけがない。」などと言って、ほとんど丸写しとなるため、構成の例を図式化させて手元において書かせるようにした。日記を綴じこんでいたので、過去に書いた文章を参考にして書くこともできるようになった。書いた文章を基に、スピーチをする際にはナンバリングや次の言葉を引き出すキーワードをもとに、文章を構成させた。作文の要点を短冊カードにまとめ、そのメモを構成メモの要領で手元に置いて視覚的に印象付けながら記憶させた。その後、集団の前でスピーチできるまでに向上した。

交流学級での一斉授業における意見文等の長い作文に関しては、教師がその子に応じた作文例を書いて用意しておいた。学年の後半になると例文の提示をしなくてもカードだけで、ひとりで書くことができるようになった。

三　考察

自閉症・情緒障害学級では、知的な能力に問題がなくても、新しいことへの挑戦を恐れる特性をもっていたり、過去の失敗体験が次への挑戦を困難にしたり、というさまざまな要因が、書けない理由になっていることも考えられた。もちろん児童に視知覚認知トレーニングの必要性はないか、もしくは医療の面からあらゆる可能性や問題はないか等々、常に児童の実態を見極め、試行錯誤し、指導を重ねた後の実践だが、教師が寄り添い、例文を提示しながら書く体験を積むことで、書く意欲は高まっている。また、児童が書くことができたという達成感を、自分の自信につなげられた点が、教師の喜びである。将来、書くことによって、自分の考えを整理したり再構築したりできる人になってほしい、という願いをもって指導に取り組んでいる。アンガーマネジメントに取り組むA児が、自ら日記を気持ちの整理や行動の見直しの手段にできるようになったことは、目指す児童像に一歩近づいたと言えるだろう。今後の課題は、教師の例文や構成の例を、より豊かなものにしていくことである。

最後に、本児童の成長は、全身で本児童を受け止めてくれた交流学級担任の教師の愛情と日々の努力、本児の実態をしっかり把握し的確な判断のもとに、学校において個別に学習指導を受けられる環境が整えられてこそである。教室の中で気になる児童を前にした時、一人で抱え込むことなく、周囲の教師仲間にまず話すことが最も重要である。そこから児童への適切な支援が始まる。また、特別支援学級に通級や在籍をしてからも、交流学級担任の協力を得ることも大変重要である。他の児童と同様に優しく厳しく接してもらうこと、しかし、時には特別に声をかけてもらう。可能ならば他の児童と同じ花丸やコメントを入れてもらうことは。児童にとっての大きな喜びと自信になる。「わたしは困った時のお助けマン」だと思う気持ちで、いつ、どのタイミングで、どのようにに、どんなものをもって登場するかを考えることが、より工夫を愉しいものにしてくれる。

お話の世界に自由に飛びまわれる愉しさも、書くことと併行して「読んで先生、聞かせて先生」と読み聞かせを求めるようになったことが、児童の表現世界を豊かなものにしている。


（浅井　のぶ子）

ダーウィン進化論発表

最も強い者が
生き残るのではなく、
最も賢い者が
生き延びるのでもない。
唯一生き残ることが出来るのは
変化できる者である

10　「書くこと」の力をつける学級通信

一　はじめ

そもそも、学級通信とは教師（主に学級担任）が、保護者に学級の様子を伝えたり保護者や児童に自分の思いを語ったりするために書くものと私は位置づけている。毎日学級通信を出す教師もあれば、定期、不定期、いろいろな出し方がある。学級通信については、教師一人一人にそれぞれいろいろな考え方がある。私自身も昔、教育関係の月刊誌の記事に、「究極の学級通信は何も書かないこと。そのかわりに家に帰った児童が、事細かに詳しく学校でのことを家族に話すようになればいい。」と書いてあった。そのころ、ほぼ毎日学級通信を書いて配付していた私にとって、自らのこれまでの活動を否定されたようで、ショックを受けた。結局、その後も学級通信は毎日書き続けた。学級通信については、それぞれいろいろな考えがあっていい。学級通信を書く教師、書かない教師、どちらでもかまわない。私自身も、決して学級通信を書くことを勧めているわけではない。ただ、ここでは、保護者や児童に自らの書きぶりを示す教師修行としての面と、児童に「書く力」をつけるために見せる、読ませる作品としての面から学級通信について書く。

二　なか

「書くこと」の力をつける学級通信について具体的に、①から④までの実践例を示す。

①　一つの文型（テーマ）で書き続ける

学級通信は、一年間を通して一定の間隔で児童の目に触れる教師の作品（モデル文）だと考える。このような特性を踏まえれば、教師が児童に身に付けてほしいと考える文種や表現方法、テーマで書き続け、絶えず児童の目に触れさせたい。私は、伝統的な言語文化の一つとして児童に俳句、川柳を指導してきた。まず児童に五七五の表現に触れさせるために、学級通信の第一号から、その日の心に残った出来事や、担任として感じたことなどを五七五で表現して「古川先生　心の川柳」として毎号掲載した。このような取組を続けていくと、児童も五七五の文型を意識するようになり、身の回りにある五七五の表現や五七調のリズムに目を向けたり、児童自身も五七調で表現したりすることが多くなった。いきなり俳句・川柳として指導するよりも、学級通信で日々目に触れさせておくことにより、児童の「この書き方、おもしろいな」「自分も書いてみたい」といった思いを刺激しスムーズに指導に入ることができる。

②　モデル文として示す　～パターン1～

行事の後に児童に取り組ませる行事作文や、日々を振り返るために書かせる日記など、書かせた後、読んでみると、出来事が時系列で並べて書かれてあるだけだったり、最後はすべて「おもしろかったです」「楽しかったです」で結んであったりして、せっかく指導してきたのにとがっくりしたことはないだろうか。私は、「書くこと」特に日記や作文については、事前の十分な指導が大切で、書かせてしまってからでは遅いと考えている。児童が書いているときには、なるべく途中で指導の手を入れず、これまで身に付けた力を駆使してのびのびと書いてほしい。もしも、「行事作文をもっといろいろな表現で書かせたい」「『おもしかったです』『楽しかったです』以外の表現も使ってほしい」と考えるのであれば、事前にモデルとなる表現を児童に示すべきである。例えば、行事の後に、まず教師が行事作文に取り組み、学級通信で児童に示す。また、何気ない一日を振り返った日記を学級通信に載せる。教師の意図をもって書いた作品を繰り返し児童の目に触れさせる。授業中、児童に示すモデル文は一回だけの出会いとなるが、学級通信を使うと複数回の出会いとなる。私は週末や休みに、児童に家庭学習として三文日記（※注）を課題にすると共に、週末や休み明けに書く学級通信に自らが書いた三文日記を載せ、三文で日記（作品）を書く際の構成や表現方法などを作品で児童に示した。時には時間を設けて、解説を入れるときもあったが、ほとんどは読ませるだけ。しかし、児童が構成や表現方法をうまく取り入れた作品があった時は取り上げて誉め、他の児童にも広まるようにした。

③　モデル文として示す　～パターン2～

学年があがるにつれて、新聞、随筆、報告文など児童の書く文種は多様さを増していく。単元の導入時には、教科書に載せてあるモデル文を使って児童に指導することが多いが、クラスの児童の実態に即していなかったり内容が難しかったりすることがある。このような時には、事前から計画的にクラスの児童の実態に即したモデル文を教師が作成して児童に示したい。教師と児童が共通に体験した身近なことを題材にしてモデル文にすることで、児童が共感しやすく内容の理解に手間がかからない分、表現に集中することができる。例えば、報告文を書く授業を行うのであれば、学級通信を報告文の形式にして児童に示す。数日続ければ、児童に示すモデル文集として十分なものになる。さらに、同じ出来事の内容を違う視点で書いたモデル文を数点追加して示すことにより、児童が表現に対して比較検討を行いやすくなる。また、他教科の授業でよく行われる新聞づくりについても、機会を見て何度か新聞形式の通信を出すことで、学習に入る前から、題名や小見出しの付け方やレイアウト等に目を向けさせることができる。

④　作品を読む視点を示す

学級通信に数回同じテーマ（例えば、「家族」「友情」「秋」「麺」など、クラスの実態に応じて設定）で日記や随筆等の作品を載せる。同じテーマの作品を数点掲載したら、朝の会や授業等で児童に「先生が書いたこれらの作品のテーマが分かりますか」と問うことで、今まで何気なく読んでいた作品を、目的を持ってもう一度読み直す経験や、これまでと違った作品の読み方の経験をさせることができる。また、同じテーマの複数の作品を読む経験を通して、児童自らが、テーマのある作品を書く際の参考にもなる。通信をファイル等で児童に保存させておけば、さらにスムーズに指導を行うことができる。読み聞かせが効果的である。

三 おわり

「書くこと」の力をつける学級通信に取り組む一番のよさは、児童の実態を一番よく分かっている教師が、児童にモデル文を示すことができるということである。児童にとって、教科書に書かれたモデル文よりも、有効になるはずである。また、児童に「書くこと」の力をつけるためにモデル文を書いていくと言うことは、教師自身が「書くこと」の一年間を見通していくということである。「あんな書き方を教えたい」「こんな力をつけたい」など、教師が一年間を見通して計画的に指導することで、行き当たりばったりの指導に比べ、児童はぐんぐん力をつける。さらに、教師自ら児童が書くであろう課題に取り組むことにより、児童が難しいと感じるところ、児童の鉛筆がとまってしまいそうなところが見えてくる。「ここでこの説明をするだけでは、わかりにくいだろうな」「ここであの子は、鉛筆がとまってしまうだろうな」など想像がつくことがある。事前にそのポイントがわかれば、そこに対する手立てを事前に準備したり、そうならないように計画を変更したりすることができる。児童がどう書こうか困ったときに、事前に準備した手立てや言葉かけがすっとでてくる。あるいは、十分な手立てがとられていることに気づかずに作品を書き上げ、自信を深め、「書くこと」がすきになる。学級通信を書くことがあれば、ぜひ意識して取り組んでいただきたい。

※注　三文日記…一文目に大まかな出来事。二文目に詳しい出来事（心に残った出来事）。三文目にその時の感想（心に残ったこと）などを書く活動。児童にとって書く量についての負担が少なく、表現もしやすい。

（古川　雅）

11　様々な発信とその影響力の工夫　～まず、教師が書くことを愉しむ～

はじめに

級外になった今、継続的な児童への国語科授業実践ができなくなった。寂しい限りである。そこで、様々な学習活動や生活場面等を捉えて、「教師が愉しんで書く」「書いたことが児童や同僚教師へ、良き影響を」という二点を柱に実践に挑戦することにした。

一　実践１　全校朝会で「名前を使ったアクロスティック」を発信　五月の実践

①　全校朝会における「書くこと」をテーマとした話の年間計画

四月　書く力とは　五月　名前を使って自分を紹介　七月　夏休みの挑戦　三行日記　九月　三行日記の振り返り　十月　秋と言えば　十二月　書くことの振り返り～実践の評価～　三月　一年間のまとめ～書くことでできるようになったこと～

②　四月の実践

全校のみんなにがんばってほしいことは、たくさんあります。例えば、学校目標や目指す児童像（中略）そして、授業や生活場面での「書くこと」です。みなさんが様々な場面で書いた作文、テストの文章、感想文、校内掲示の作品等を読むと、次のような事柄をこれから更に頑張ってほしいと思いました。それは、「何を伝えたいのかを中心に書く」「読み手を意識して書く」「最後の行まで粘り強く書く」「時間内に書きあげる」「丁寧な字で習った漢字は使って書く」「必ず読み直す」以上の内容を年度当初に児童に投げかけた。

③　五月の実践

児童へ話した主な内容

・自分の名前に誇りを持ち名前を大事にすることの大切さ。みなさんは、家族の笑顔の中で誕生し、これまで家族の温かい見守りの中ですくすくと育ってきたこと。
・私の名前は、「み　ね　し　げ　き」です。みは、みんなにいつも。ねは、ねっしんねとほめられます。しは、しっかりあいさつをしています。げは、げんきいっぱいの毎日です。きは、きちんと使った物の後片付けができます。
・全校のみなさんも、大切な「自分の名前」の文字で、頑張っていること、挑戦していること、自慢できること、この他にもいろいろな紹介等を書いてみましょう。名前の文字を使ってどんな紹介文ができるか、楽しみです。
・校舎の玄関ホールに、ワークシートと作品を入れる箱を置いています。
・みなさんが書いてくれた名前を使った紹介文は、毎日のお昼の放送で二、三人ずつ紹介します。（実践中、各教室から、拍手や歓声、称賛の声が聞こえた。お昼の放送で、約二か月間、放送委員によって紹介が続けられた。）

○活動の発展　アクロスティックの手法を用いた全校のことば遊びへと広げる。学校名や友達の名前を使ってより良く紹介する文づくりへの挑戦。そのために、ワークシートを用意して児童が自由に取り組めるようにする。

○成果　児童の書く意欲が高まり、書くことが好き、愉しいと感じる児童が増えてきた。また、担任の様々な学習における文章作品の処理の工夫等にもつながった。

二　実践2　「いじめ防止講演会」の内容をメモして学校便りで発信　～メモを取る→取捨選択して文章にまとめる→相手意識をもって発信する→校内の人権・同和教育の実践につなぐ～　一月の実践

現役プロレスラーに、いじめ撲滅の一環として五、六年生に身振り手振りを交えて熱心に講演をしていただいた。

①講演内容を簡潔にメモする。
②メモ内容を読み返して整理、取捨選択し、学校便りを作成。「いじめ防止」をテーマに発信する。

発信内容は、次のとおりである。本年度、県内五十をこえる会場で、自身の少年時代の経験を基に、「いじめ撲滅」の訴えを続けておられます。講演をメモした内容を基に紹介します。

一の柱…自分の周りにひとりぼっちの人が現れた時、見て見ぬふりをせず、勇気を持って行動してください。

二の柱…家では、家族としっかりと話してください。学校では、先生にしっかりと相談してください。一人で抱え込まずに話すこと、相談することが何より大切です。

三の柱…どんな時でも、「夢や目標」を持ってください。でも、途中で必ず挫折する時がきます。その時は、解決策を考えてください。常に、自分を奮い立たせ、努力を積み上げ、やり直してください。

四の柱…「命の大切さ」について考えてください。悩んだ時には、大切な家族や友達のことを思い浮かべてください。
・いじめは、恥ずかしいこと。いじめられた人は、ずっと心の中に残っています。絶対に忘れません。
・締めくくりの文　みんなで、助けて、守ってください。そして、改めて「命の大切さ」を考えてください。
発信に向け、誰にでも分かりやすく伝えるために箇条書き表現、段落の構成、実践に結び付くような表現を工夫する。そして、学校、家庭、地域への共通理解と実践のための資料として発信する。
○活動の発展　全校での人権標語づくり、いじめ防止ポスター作成等の実践につなげる。また、様々な生活や学習の中でメモする。そして、その内容を文章づくりにつなげる活動の日常化を目指す。更に、学年に応じたメモの仕方や活用方法について国語科授業の中で具体的な指導を行う。
○成果　日常的にメモを書くことの大切さ、学年に応じたメモの取り方と活かし方について共通理解ができた。

三　実践3　学校HPを活用した「書き続ける」「発信し続ける」

2019　一月二十二日から二月四日までの発信記事名は、次のとおりである。
・小中一貫教育アンケート児童版　・特色ある実践の紹介　・インフルエンザの感染拡大　・新入学児の体験入学　・六年生の国語科学習「いにしえの名言に学ぶ」　・教育の根幹　新学習指導要領から　・これぞ、義務教育学校の素晴らしさ　・校内の様々な掲示物から　・今日の光る実践　・食育授業とは　・論語検定試験の結果（三年生は初級、五年生は中級　全員が挑戦）　・公民館で地域のお年寄りと昔遊び（生活科）　・青年海外協力隊に参加して（講師の話）　・立志式での講師の講演内容の紹介　・国際理解講座の実践
授業以外の様々な場面で、書くことの愉しさを私のように児童にも体感させたい。書くことが日常化し、そのこ

とが授業場面や生活場面に生きるようにしたい。そのために学校HPを活用した。その際、活動内容を伝えるための写真をあえて掲載せずに、文字だけで活動状況を発信するために方法や内容を工夫した。

○活動の発展　「毎日の日記」を書き続けることを目指す。週や月ごとにテーマや文種を工夫して自由に書く日記を続け、記述内容に対する教師の評語の工夫をも目指す。

○成果　様々な活動や学習場面における児童の書くことの苦手意識が少なくなり、日々、様々な工夫で書くことに挑戦する学級が増えた。毎日の様々な教育実践状況について読み手意識を高く持って「書き続ける」「発信し続ける」を目標に、実践・継続することで、教師として、題材を発見する力、文章表現力（メモの活かし方、ことば選び、文章の構成、文字制限、相手意識　等）や早めの文章作成と発信力を高めることができた。

おわりに

今回、級外として「教師が愉しんで書く」ことが日常のあらゆる場面における児童の書く活動により良くつながり、児童の語彙の獲得、書く力や表現力が高まること、更には、教師のこれまでの書く指導の工夫・改善を目指して実践を続けた。級外であっても、私が書いた事柄を児童や同僚の教師等により良く発信することができた。また、より良い影響を与えることができる実践の糸口を見出すことができた。更に、児童の五感を生かしたことば選びやメモの取り方とその活用、日記を書き続けることで書くことへの慣れや愉しさをつくりあげることができた。級外として、学校生活における様々な場面での実践を通して担任の国語授業づくりに側面から支援できたことは、教師にとって大きな喜びである。

教師が愉しんで書く実践を地道に続けたい。今回の実践における課題である縦軸：「書くこと」の年間を生かした計画的・継続的な実践。横軸：「書くこと」の各種実践間のつながりを生かした実践。今後も縦軸と横軸の編み方を工夫し、読書指導を含む学習指導要領も有効に活用しながら実践を積み上げたい。

（峰　茂樹）

12　児童と対話しながら板書づくりを愉しむ教師の姿　第六学年

一　単元名　修学旅行の思い出を川柳にして校内に掲示しよう

二　単元の目標　五七調作品づくりを通して、ことば選びを愉しみ語彙を獲得する。

三　指導計画（全三時間）

1　日記作文を書く（一時間）。
2　修学旅行に行き、感動体験をする（学校行事としての時間）。
3　七五調作文を創作する（二時間）。

四　教師の書くことを愉しむ場面

A　児童と対話しながら日記作文を板書に仕上げる。
B　児童と対話しながら情報を整理するメモ活動を板書で行う。
C　児童と対話しながら五七調作文を板書に仕上げる。

五　学習指導の実際

1　日記作文を書く　～A　児童と対話しながら日記作文を板書に仕上げることを教師は愉しむ～

日記指導を行う意図は、書き慣れを進めるためと協働作業的な学習の型を習得させるためである。協働作業的な学習の型とは、全ての学習者の書く実態から、できることや次にできたら良さそうなことを学習者全体で見つけ、互いに認め合い、それぞれの解決法を研究していく姿と規定する。

T　君たちは、日記を書いたことがありますか？
C　あります。
C　四年生の頃は、書いていました。
T　今は？
C　六年生になってからは書いたことがありません。
T　（児童は、教師の体験談を聞くことをいつも楽しみにしている。児童がいつも楽しみにしている教師の体験談を聞かせ、児童が聞き取った内容を日記の形式で教師が板書に再構成することで、児童が日記を書くときのモデルとしようと試みる）
　わたしが、小学校三年生の頃、父親がお菓子をもらってきました。見たことのない形のまんじゅうで、外側の茶色の皮の中に白いこしあんが入っていた。新発売のお菓子ひよこだ、ということでした。「食べていい？」と母や兄に言うと「いいよ」と言われてね、まず茶色の皮の部分だけ外して（子どもたち、ほほえむ）、その欠片を口の中に入れるとふわふわしてる、ちょっと白いあんこが皮に付いてきているんだけど、そこが口のなかにふわっと広がって（子どもたち目が笑っている）、こしあんの小さな粒がね、いいんですよ。すぐに飲み込めないでもぐもぐしていると消えて行ってしまう。一回で食べるのがもったいなくて、中のひよこの形をしたあんこをティッシュにくるんで冷蔵庫のドアを開け、右の扉の上にある、卵を入れる場所があったんだけど（間を置くと、子どもたちが数人うなずいている）そこに入れておきました。次の日学校から帰ってくると（続く）
T　どんな話でしたか？ちょっと黒板に日記の形で書いていきますよ。
C　お菓子の話でした。
C　先生が子どもの頃。

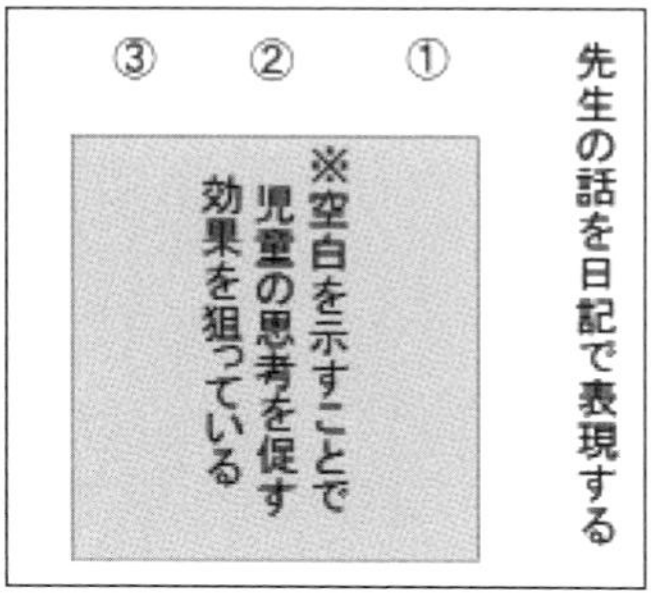

板書１　授業の導入時

C　ひよこ。

T　三つぐらいの文で書きます。（黒板上部に①②③と間をあけながら書く）
一つ目（の文）は、なんと書きましょうか？

C　（考える）

C　ひよこがおいしかったです。

T　なんか怖い話になってきましたね。
ひよこがおいしかったです、って書いていい？
（黒板「①」の下に書こうとする）

C　ちょっと待って下さい。

T　素晴らしいですね。ちょっと待って下さい、と言った人たち、全員立ってください。どうして「ちょっと待って下さい」と言ったのですか？
説明できますか？

C　①つ目の文は、何の話をするのかの説明だからです。

C　話題の紹介。

T　そういうのがあった方が、読む人に分かりやすいですか？

C　はい。

T　では、なんと書きましょうか？（悩んで見せる。その後「わたしは」と書き出し部分を書いてみせる）

C　わたしが、三年生の頃。

T　あー、わたしが、三年生の頃、ですね。

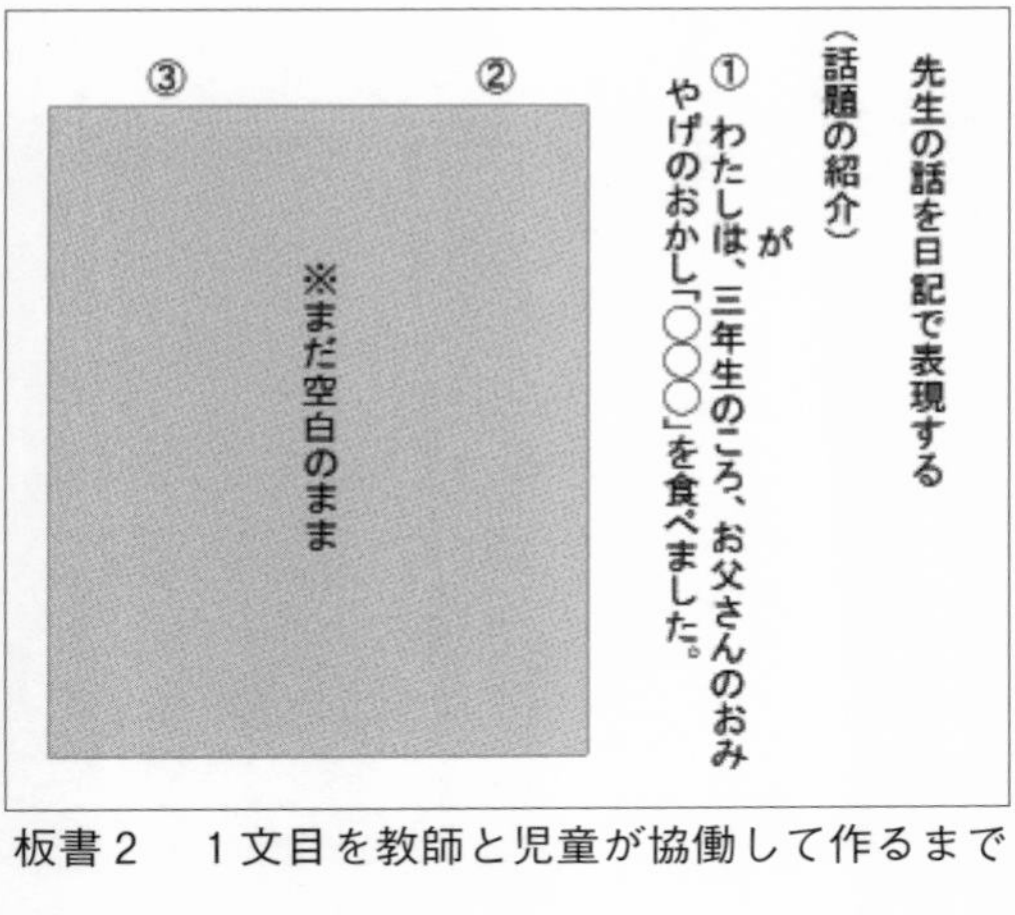

板書２　１文目を教師と児童が協働して作るまで

（「は」を見せ消ちして、「が」に直す。「三年生のころ」と板書する。）

C　お父さんのおみやげのお菓子を食べました。

T　（「お父さんのおみやげのおかし『〇〇〇』を食べました。」と板書する。）

C　ひよこ

T　では、ここまで音読してみよう。

C　わたしが三年生の頃、お父さんのおみやげのおかし「ひよこ」を食べました。

T　あと、二つの文で完成です。次は？

C　皮だけを食べて、こしあんが少しついていた。
冷蔵庫に残しておいた。

T　池田少年がしたこと、ですね。
（②の下に板書する「□色の皮を食べて、□いこしあんがついていました。」

板書の決め事として平仮名を抜くときには〇、カタカナは△、漢字は□と児童に伝えてある。）

C　茶色の皮と白いこしあん。

C　ふわふわの皮。

C　甘い口いっぱい広がるこしあん。

C　溶けてなくなりそう。

T　「溶けてなくなりそう」いいねえ。
（板書に書き足す。教師の話には「もぐもぐしていると消えて行ってしまう」と表現されていたことが、このように児童が比喩表現に変

先生の話を日記で表現する
（話題の紹介）

①（が）
わたしは、三年生のころ、お父さんのおみやげのおかし「〇〇〇」を食べました。

②（茶）（食べると）（白）
□色の皮を食べて、□いこしあんがついていました。
口の中で（どうなりそう）でした。

③
※まだ空白のまま

板書３　２文目を教師と児童が協働して作るまで

化させていることを教師は喜んで評価している）
　ここまで音読してみます。さんはい。

C　茶色の皮を食べて、白いこしあんがついていました。口の中でとけてなくなりそうでした。

C　「食べて」じゃなくて「食べると」がよくないですか？

C　それがいい。

T　（「食べて」を見せ消しして「食べると」に変更する。児童が語句を、文脈に合うように変化させることを教師は喜んで評価している）
　最後の一文は、終わった感じになるように作りたいな。
　（悩むポーズをしてみせる。三文構成にしているのは、①を話題の提示、②を出来事、③を感想や意見と想定したからである。）

C　みなさんも食べてみませんか？

T　あー、読んでくれた人へのメッセージね。
　他の人も同じですか？

C　また、食べたいです。

C　今度は、どんなおみやげを持ってきてくれるかな。

T　それいいね。そういうの何て言うのかな？

C　未来のこと。

C　これからのこと。

T　（児童から出なかった新しいものの見方・考え（C）を板書に追加することを教師は愉しむ。）

先生の話を日記で表現する

（話題の紹介）
① わたしは（が）、三年生のころ、お父さんのおみやげのおかし「〇〇〇」を食べました。

（口口口）
※このような虫食い部分の板書のしかけを、教師は愉しむ。ここでは「出来事」が入ることを想定しているが、全てをこの授業の中で解決しなくてもよい。

② 口（茶）色の皮を食べて（食べると）、口（白）いこしあんがついていました。
口の中で（どうなりそう）でした。

③
（メッセージ）
A みなさんも食べてみませんか。
（未来）
B 今度は、どんなおみやげを持ってきてくれるかな。
（考え）
C ひとりじめしないで、家族にも分けるべきだったかな。

板書4　完成した板書

A　みなさんも食べてみませんか？（メッセージ）
B　今度は、どんなおみやげを持ってきてくれるかな。（未来）
C　ひとりじめしないで、家族にも分けるべきだったかな。（考え）
C（板書のCを見て、ふふっと微笑む）
T　最初から通して音読してみましょう。③の文は、ABCから自分が好きなものを選んで、皆さんそれぞれでばらばらに音読して良いですよ。

この後、日記には、日付を入れることやタイトルを付けても良いことを話し合い、「食べ物」をテーマにした日記をそれぞれが書いた。板書を写しても良いことを伝えた。その際には、③文目を自分で選んだり、一部を改作して良いことを指示し、それができたら今日は花丸である、という教師からの評価の視点を示した。また自分のエピソードを自分のことばで書くことができた人は「SS（スーパー素晴らしい）」評価であることを付け加えた。結果、全員が「SS」評価の日記を書くことができていた。

2　修学旅行に行き、感動体験をする

修学旅行先は、長崎市であり、主な見学地は原爆資料館・グラバー園・長崎新地中華街等である。感動体験としては、珍しいものを見たこと、美味しいものを食べたこと、仲間と友情を深めたこと、戦争の怖さを実感したこと等を想定していた。

3　五七調作文を創作する〜B　児童と対話しながら情報を整理するメモ活動を教師は愉しむ〜

T（黒板の中央に「長崎修学旅行」とまず板書する。イメージマップの形式のメモ活動を本学級では「ことばの地図」と呼んでいる。習得済みの言語活動「ことばの地図」から始めることで、児童の学習が主体的となることや、長崎の修学旅行体験を想起させ、ことばとして取り出すことで、五七調作文の創作につなげていけることに効果が高いと教師は考えて進行している。）

長崎の修学旅行で心に残ったのは、どんなことですか？

C　カステラ　C　原爆　C　眼鏡橋　C　抹茶味

T（「長崎修学旅行」の周囲に関係する事柄を線でつなぎながらイメージマップ【以下「ことばの地図」と言う】の形で板書していく）

このことばの地図を見て気がつくことはありませんか？

C（考える）

T（「カステラは○○○。」と板書する。七五調作文づくりに向けて、名詞表現以外の語句を考えさせたいと教師は考えている。）

C　おいしい。

C　いろんな種類がある。

T（「カステラはおいしい。」「カステラは、いろんな種類がある。」と板書する。「カステラ」にサイドラインを引き「何は」「主語」と解説を書き込む。「おいしい」、「いろんな種類がある」にサイドラインを引き、児童からの発言を待つ。）

C　述語。

T　そうですね。主語と述語、何はどうする、何はどんなだ。では、原爆は「どうする」「どんなだ」。眼鏡橋は「どうする」「どんなだ」。これから、皆さんのノートにも、ことば

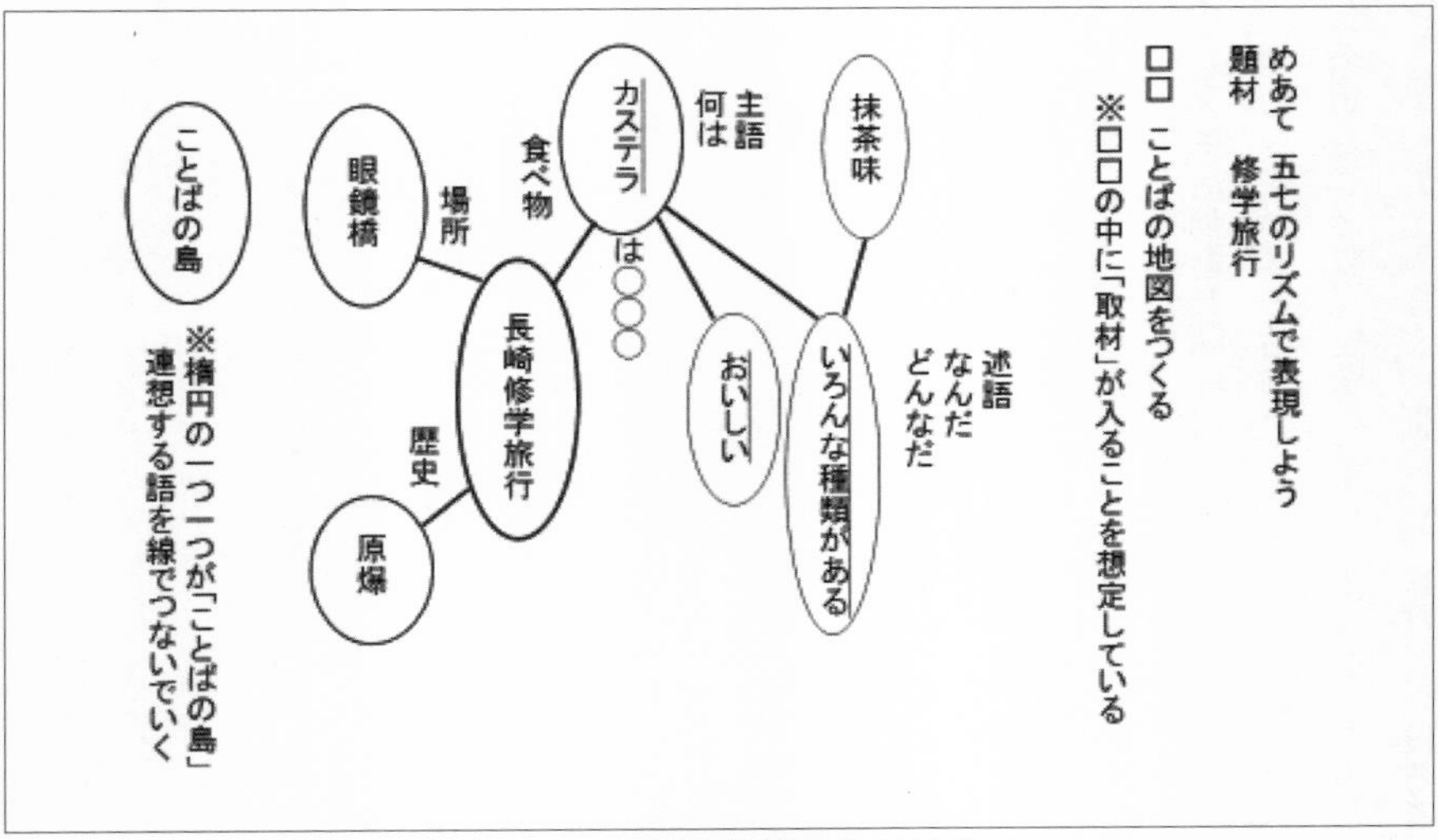

板書５　ことばの地図を作り始める

の地図を書きます。ことばの島が七つ以上書けたら花丸の評価です。やり方が分かった人は、始めなさい。

T　（児童の手が動き始めたことを、目で確認する。その後、教師も板書のことばの地図に書き加えを始める。カステラに関しては、「買う」、「ほっぺが落ちそう」、「ふわっふわ」、原爆に関しては「黒い雨」、「心が重い」、「胸が痛む」、眼鏡橋に関しては「水面に映る」「ゆらゆら」「友達と見る」等を板書した。早く書き終わった児童が板書を見て、あっと気付いた顔をしている。そして再びノートに向かう姿も見られる。）

T　七つ以上書けた人は、席を自由に離れていいから、友達とノートを交換して情報交換しなさい。これいいな、と思った表現は、自分のノートに書き足して構いません。ものの名前（名詞表現）だけではなく、観察したものの様子やしたことが書けた人は「ＳＳ」ですよ。

全員の児童が「ＳＳ」の評価であった。

4　五七調作文を創作する～C　児童と対話しながら七五調作品を板書に仕上げる教師の書く活動～

T　（「長崎で　カステラ買って　おいしいな」とまず板書する。）

ふつうだな（とつぶやく。児童から簡単に出てきそうな作

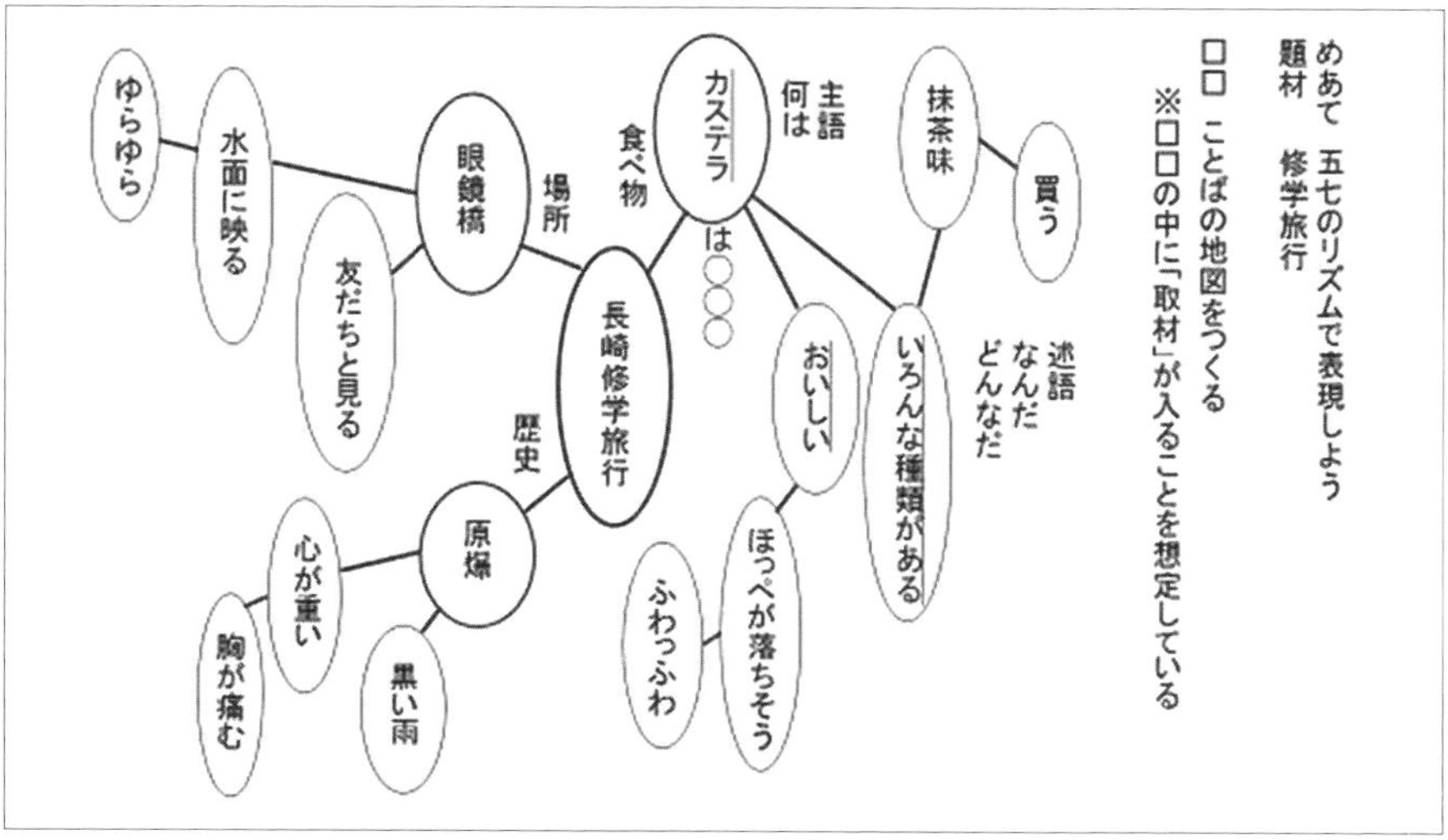

板書６　ことばの地図が完成する

文例を教師が自作し、そうつぶやくことで、更なることば選びを要求している。）

「おいしい」って言わずに、おいしいって分かる方法ないかな。

C　ほっぺが落ちそう。絶品。

T　（「長崎で　カステラ買って　ほっぺ落ち」、「長崎で　カステラ買って　絶品だ」を板書する。児童のつぶやきを五七調の作文にして教師が表現してみせる。）

T　（ここで教師は、五七調の作文を、通常の文に戻し、「①わたしは　②長崎で　③抹茶色のカステラを買ったら　④ほっぺが落ちそうでした。」と板書する。

T　順序の入れ替えができますか？④から始めたらどうなるでしょう？

（板書「ほっぺ落つ　〇〇〇〇〇〇〇　〇〇〇〇〇」）

ノートに作品を完成させてみましょう。

（児童の鉛筆が動き始めたのを見て、教師も黒板に試作を始める。「ほっぺ落つ　絶品カステラ　抹茶色」、「声も出ず　命奪いし　黒い玉」、「友と眺む　水面にゆらゆら　眼鏡橋」。カステラばかりではなく、原爆や眼鏡橋を題材にした七五調作文を教師が試作しておくことで、児童が自分で選んだ題材で創作することへと誘っておく。）

めあて　五七のリズムで表現しよう
題材　修学旅行
取材　ことばの地図をつくる
創作
長崎で　カステラ買って　おいしいな　絶品だ　ほっぺ落ち　（池田作）
①わたしは
②長崎で
③抹茶色のカステラを買ったら
④ほっぺが落ちそうでした
④
ほっぺ落つ　〇〇〇〇〇〇〇（絶品カステラ）　〇〇〇〇〇（抹茶色）　（池田作）
声も出ず　命うばいし　黒い玉　（池田作）
友と眺《なが》む　水面《みなも》にゆらゆら　眼鏡橋　（池田作）

板書７　教師の試作で川柳作りに誘う

児童作品1

「おいしい」ということばを使わずに「笑顔になるほど」「絶品」と言葉を選んで表現することを愉しんでいる。

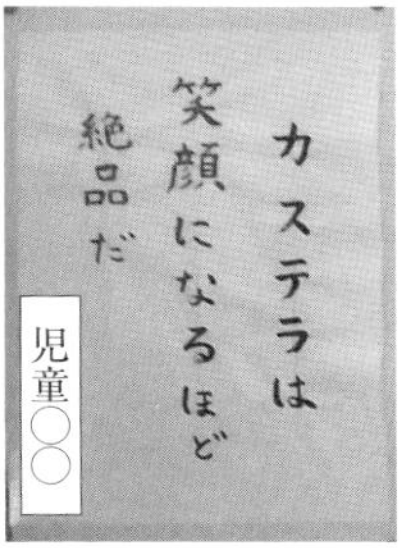

児童作品2

「カステラは」と書き出さないことで、ダイナミックな表現で、カステラのおいしさを表現する句ができている。

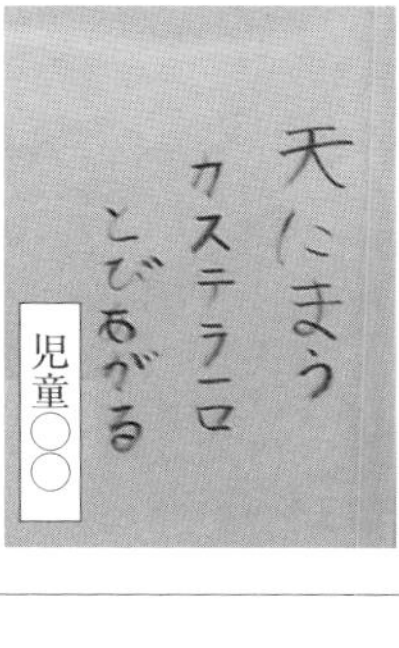

六　成果と課題

日記や五七調作文等、様々な文種に書き慣れさせるためには、日常的に書く活動を継続していくことが必要である。授業の中で教師がさりげなく板書等で書くことを愉しむ姿を示し続けていることが児童の書きたい、という意欲に培っていることが成果である。試作の際、意識しているのは「こんな作文ならわたしにも書ける」と児童に思わせるのか、「そんな書き方もあるのか。」、「わたしもあんな風に書けたらいいな。」と憧れさせるくらいの作品を提示するのか、である。児童の思考力が働くための刺激になる板書づくりを行う。低学年であれば「主語と述語をそろえて提示する」、中学年からは「キーワードを提示する」あるいは「キーワードを残して後の部分は消す」、高学年であれば「『川柳づくり』、『シナリオづくり』、『新聞づくり』等、複数の表現手法を示し、児童自らに選択させる」等の、より一層の工夫が愉しみであり課題である。

七　期待を込めた展望

児童の作品を校内に掲示した。自らの作品ばかりではなく、他者の作品も鑑賞できる場になっている。今後は、読書も含めた自分の気に入った作品を選んで文集を編むアンソロジーの活動を単元に組み込むことで、更に作文生活を愉しめるようにしたい。そこに是非教師の作品も選んでもらいたいと、心密かに熱望しながら日々の作文力を高めていきたい。

（池田　直人）

13　級外として書くことを愉しむ

級外として書くという活動は、報告文書、学校だよりなど、書く必要性に迫られたときに、目的に応じてきた。個人の楽しみというよりは、いつ、誰が読んでも分かりやすいことを最優先に考えてきた。今回、まず、自分自身が楽しめるような文章を書こうと決め、「学校だより」、学校文集、「職員だより」等に取り組むことにした。

一　実際の楽しみ方

1　学校だより（資料1）

毎週一回の予定で学校だより「にしきえ」を発行していた。

①　児童の活動を紹介し、誉める。
②　職員の頑張りを紹介する。
③　保護者へのお願いを伝える。
④　校長として思うことを書き綴る。

右の四点を意識しながら書いていた。

①の児童を誉める活動の中心は、学校・学年行事である。もちろん「学級だより」で担任が紹介することはあるが、参加していない保護者や他学年の保護者に、少しでも学校の様子を身近に感じ取ってほしいと願っている。社会体育での表彰者もちろんであるが、西日本新聞『ヤング川柳』に掲載された作品なども紹介し、文武両道で頑張っている児童を誉めている。

②の職員の頑張りは、校内研究での授業の様子を紹介している。もちろん、児童がしっかり学習していることは紹介するが、研究授業に向けて職員も頑張っていることを保護者にぜひ伝えたいからである。「わが子のクラスの児童や先生はすごいなあ」と、一人でも思ってもらえるように、授業の活動内容、児童の様子など、誉める材料を探せば、幾らでも見つかるものである。

　学校には地域や保護者から様々な要望が寄せられる。「車のスピードを出し過ぎ」「雨の日の送迎が多い」「遊んで帰宅している」等々。児童は保護者と学校と、地域で育てることをモットーに、③では、「コミュニティ・スクール」の言葉を使いながら、厳しく責める言い方ではなく、「一緒に子育てをしましょう」といういい方をするようにしている。

　校長として学校運営について、考えを一番伝えることができるのが、この「学校だより」である。④のように、保護者に対し、「子育て」「親のあるべき姿」「学力」など、時期や季節に応じた内容を紹介している。

　初めて「学校だより」を書き始めた時には、各種の行事紹介で終わっていた。より詳しく、より丁寧に広報活動をしようと思う意識からであった。しかし、誰でも書ける「学校だより」では、面白くない。児童の成長を願う気持ちを私なりに伝えたい。

　この「学校だより」は、級外としての私と保護者や地域とつながる大事な架け橋となっている。「学校だより」を書くことで、児童の成長を願う保護者の気持ちを考えたり、児童を見守り続け

えがおであいさつ　さわやか西小っ子

にしきえ

平成３１年１月１０日（木）
NO.36　有明西小学校便り
文責　校長　橋本幸雄

☆　明けましておめでとうございます！

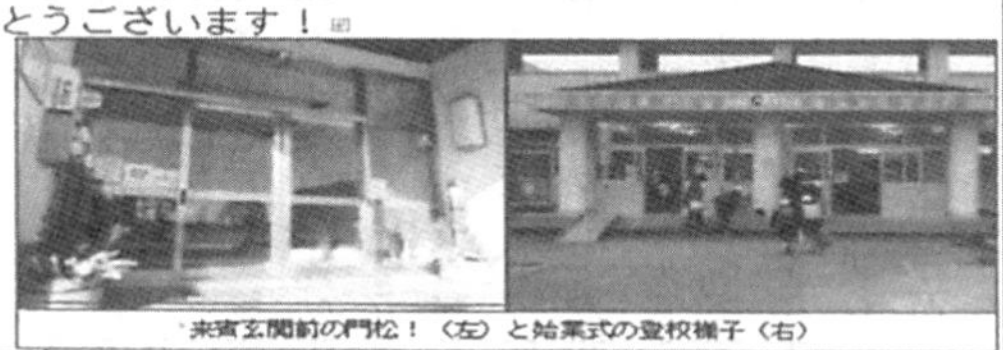

来賓玄関前の門松！（左）と始業式の登校様子（右）

　１月８日（火）から、第３学期がスタートしました。どの子も笑顔で登校できたようです。平成は、３１年で終わりです。新年号は、４月に発表されるみたいです。私が小さかった頃、祖母が明治生まれで、「明治、大正、昭和の３つも生きてきたんだあ！」と思っていましたが、同じ立場になってしまいました。新しい時代に生きていく子どもたちを応援していきましょう。
　始業式では、「春の七草」「元旦」等の話をしました。「せり、なずな、ごぎょう、はこべら、ほとけのざ、すずな、すずしろ、春の七草」短歌で覚えることができます。「元旦」は、元日の朝。「旦」には、朝日が昇る様子を表しています。「一年の計は元旦に有り」。どんな１年になるのでしょうか。とても楽しみです。

☆　参観、ありがとうございました！
　１２月２０日（木）は、２学期最後の授業参観、懇談会でした。１９日は晴天で、気温

資料１　学校だより「にしきえ」の一部

る地域の目を意識したりすることができる。地域の方から「いつも楽しみに読んでいます」という言葉が、最高の励ましとなっている。

2　学校文集（資料2）

前任校の学校文集は、昭和の終わりから始まっているような長い歴史のある文集である。

毎年、児童の作文を集め、文集を作成している。平成二十七年度までは、児童のみの文集であったので、二十八年度からは、職員にもお願いし、全職員の作品を文集に載せることにした。職員には、各学年の児童テーマで書いてもよいし、好きな俳句、詩などを紹介してもよいと伝えた。

この文集が、いつも本棚に置いてあり、手に取る楽しみになるような文集にしたい。

巻頭を書くにあたり、

①　楽しく書きたい。
- ・アクロスティックを使う。
- ・最後のマス目に句点を付ける。

②　児童に読み方の提案をしたい。

③　職員への参考例にしたい。

と考えながら書いた。

アクロスティックは、私の好きな書き方である。国語の授業開きでは、いつも自分の名前を使ったアクロスティックを例に出し、児童にも書かせるようにしていた。

文集「めぐりえ」によせて　　校長

お母さんの顔
昭和六十一年三月　有明西小学校二年　A児
お母さんの顔は「ワッハッハッ。」とわらったり「ムッ。」とおこったり、かなしいことがあると、大きななみだを、ポトポトながしてなく。ときどきみんなの前で、ひょうきんな顔にもかわる。
これがぼくの、大すきなお母さんの顔だ。

長室の棚にあった一番古い「めぐりえ」文集十九号の中に書かれた
習し、巧みに使ったとても素敵な作品です。「秒きざみ」と言う言葉を
さな二年生とは思えない作品でした。最初の三行をお母さんが読んで、
そうな姿を想像します。でも、最後の「これがぼくの、大すきなお母
変化が。「大きななみだを、ポトポトながしてなく（喜ぶ）」、お母さん
ないと悩んでいる皆さん。好きな人をじっと見つめることで言葉が浮
「あ、そうか。こんな書き方があったのか。」と、ヒントになれば嬉し
がたいです。あなたや友達、家族は、五年後十年後もきっと楽しみに
なたの言葉（心）が詰まった大切な宝物です。わくわく、どきどきし

資料2　学校文集「めぐりえ」の一部

今回は、「ありあけにし小学校」の九文字に挑戦した。しかも逆文字になるように工夫した。文中でも、行の文頭に決めた言葉を使うのは非常に難しい。また、最後のマス目まできっちり埋まるようにすることも難しい。しかし、そこに書くことの喜びを感じている。一つのことば選びによって行の頭に決まった言葉が来るのか、一つの言葉の使い方次第で最後のマス目が余るか不足するのか、ちょうど収まるのかになる。自分の書くことの楽しみの一つとなっている。

今の児童は、同級生や在校生の作品は目にすることができるが、以前の作品は目にすることができない。「こんな書き方があるのか」「来年はこんな内容を書いてみたいな」と思えるようないい作品を紹介しながら書くことにした。作品の紹介ばかりではなく、どこがどのように素晴らしいのか説明を加えた。「あなたの友達、家族は、五年後十年後もきっと楽しみに…」と書くことで、書いた文章は、いつまでも残ること、楽しみの一つになることなど、学校文集の楽しみ方を提案した。

学校文集に全職員の作品を掲載したいという提案には、担任以外は、ほとんど否定的な考えであった。「書きたくない」「書けない」「何を書いていいのかわからない」というのが主な理由である。普段から書く機会がない級外なら当たり前のことである。しかし、児童ばかりでなく、全職員がいつも手の届く場所に自分の書いた作品が載っている文集を作成したかった。アクロスティックは、言葉遊びの一つであるが、筆不精の職員が、「これなら書けそうだな」「ちょっと書いてみたいな」と思ってくれたらありがたい。

学校文集を全職員で取り組んだおかげで、日頃の会話では聞けなかった職員の家族への思い（テーマ　思い出）がひしひしと伝わる文章に出合えた。学校文集を話題にし、職員と話す機会が増えたことはプラス効果である。職員が書く文章のテーマを何にするのか悩むことになるが、級外に聞きながら悩むことができるのも、この学校文集のおかげである。

3　職員の皆様へ（資料3）

前任校で毎週町職を含めた全職員に校長だより「職員の皆様へ」を配付していた。最近読んだ本、児童に関すること、行事における気付き、服務について、等々書くようにしていた。職員への服務規律ばかりの指導内容では、書いている私自身が楽しくないし、職員にも読んでもらえないと思い、たまにクイズやなぞかけなども書いた。

下の「職員の皆様へ」は、最近読んだ本の中で心に残った文章を紹介している。私自身もそうだが、職員間で読んだ本の話題をしている姿をほとんど見かけない。日々の業務で忙しいし、疲れを感じている職員が多い。そこで、職員に紹介する本は、職員の自己啓発につながるような短編の話題が豊富な本を紹介することにしている。本は、出勤簿の横に置くことにした。手に取って眺めてもらえるだけでもありがたい。この他にも、最近のテレビで話題になった映画やダイエット企画など職員が興味をもちそうな内容を選んで書くようにしている。また、他の職員同士ではわからないような用務員や司書補の活動なども紹介するようにしている。いつも学校の環境や職員の動きに目を配る意識が、この「職員の皆様へ」を書くことで自然に身についてきたようである。

「楽しみにして読んでいます」「あの記事についてですが…」など、「職員の皆様へ」のことを話題にして話しかけてもらえることが嬉しい。

職員の皆様へ

1　大人はもう無理？　『1分で心に効く50の名言とストーリー

プロ野球の野村元監督が、選手に言う言葉。「もうダメ」では
日々練習しなさいと。練習を続けることで、ある日突然「実力を
だそうです。「量」をこなしていると、いつの間にか「質」に変
たちには、よく言うことなのですが、大人の私たちはどうでし
めていませんか？

「クイズ王」と呼ばれる人たちへの質問で、「どうしたらクイ
に対する答えはただ一つ。「知らなかった問題を1問1問覚える
を見たり書店で本を購入したりして、1問1問覚えるんですね。
に変わるのです。占いに詳しい人も、一つずつ覚えたから教えら
なっているはずです。今の職種をレベルアップするためには、日
何を、いつまでに、どんな方法で努力するのかプランを立てるこ

この「職員の皆様へ」は、少しは読み易くなっているのでしょ
メですか？「もうダメ」ですね。ではなく、「まだダメ」ですね。

2　コンプレックスで悩んでいませんか？

物事に対し「悲観的な人」と「楽観的な人」がいます。皆さん

資料3　「職員の皆様へ」の一部

二　気持ちの変化

「学校だより」学校文集「職員の皆様へ」を書いていくことで、書く楽しさと書く難しさを感じるようになった。保護者や職員からの反応は、書く意欲につながってくる。それと同時に、いつ、どんな内容を、どんな言葉で伝えればいいのか悩むことも多くなった。特に、「学校だより」では、書く目的がはっきりしているし、書く条件を設定しているので、完成した時のおもしろさ、喜びは何とも言い難く、とても満足することができる。こういう気持ちになったのも、級外としての役職やノルマとして週一回「学校だより」「職員の皆様へ」を発行しているからである。

三　成果と課題

これまでたくさんの文章を書いてきた。まずは、自分自身の満足につながっている。しかし、この書く活動が、在校児童、職員、保護者などへ波及効果を生んでいるかと言えば疑問が残る。「読んで面白かった」とは言ってもらえても、「私も書こうと思いました」とは、なかなかならないものである。この書く活動が、児童や職員の「読む」活動から読書指導に対応して「書いてみようかな」という思いにつながり「書く」活動へとつなげていきたい。

四　期待と展望

あと数年の教員生活である。「読んでもらって初めて満足」することなく、「書くこと自体にも満足」するように、日々、様々な環境にアンテナを張り、書く材料を集めたい。「人に見せる」文章だけではなく、日々の日生活を綴る「日記」などにも挑戦したい。

（橋本　幸雄）

14 愉しみを重ねる日常活動

作文教育研究会

4月

「一人の子ども、一人の先生、一冊の本、一本のペンが世界を変える」ノーベル平和賞受賞のマララ・ユスフザイの言葉です。“一人の子ども”で始まることに限りない可能性を感じます。世界を変えるのはあなたの力です。

惹きつける言葉。一、一、一とくり返して韻をふむ
マララさんの引用から始まる文章。
広がる言葉。限りない（～ない）、可能性（～性）の仲間集め。同義語、反対語も集めさせたい。

5／1

「鈴蘭いかがですか」フランスでは五月一日は、鈴蘭を贈る日。幸せを運ぶと言われ、この日だけは、子供も鈴蘭を売ることができ、部活動等の資金にしているそうです。国によって祝日が違います。背景も調べたいですね。

・花や植物のいわれ
・祝日の背景
∨関心をもたせる。
国によって祝日が違うことからそれぞれの国の文化や歴史を調べる誘いとする。

・22～24ページ参照

6月

毎月25日はプリンの日。どうしてだと思いますか。なめらかで甘いプリンを食べるとみんなにっこり笑顔。25とにっこりの語呂合わせだそうです。みなさんが、にっこり笑顔になる瞬間はいつですか。友だちに教えて下さい。

作文教育研究会

朝の時間等で、児童へ話す言葉として考えた。
プリンの日の由来から、自分が笑顔になる瞬間を考えさせ、児童が笑顔で伝え合う姿を想像した。
児童の生活と関連させ、交流活動にもつなげたい。

2016.7.23

「厳しい暑さが続きますが」季節の言葉から書き出す手紙。どんなエピソードを盛り込めば相手が喜ぶのか考えるのも手紙の醍醐味。メールが席巻している今、何度も読み返せる自筆の手紙を味わいたい。今日はふみの日。

作文教育研究会

・難語句としては　醍醐味と席巻
・複合語　読み返す　盛りこむ
・むすびは　体言止め
☆手紙を書く習慣にもつなげたい。

梳藤

・96ページ参照

2016. 8. 20

作文教育研究会

リオで開催中のオリンピックで心温まるニュースが飛びこんだ。女子五千mの競技で転倒した二人が助け合ってゴール。自分こそが金をとる、タイムを一秒でも伸ばすという熾烈な闘いの中での美談である。語り継ぎたい。

・難語句は　熾烈、美談
・複合語は、飛びこむ、助け合う、語り継ぐ
☆類義語を集めたり、活用したりという願いをこめている。

杭藤

9／20　今日は何の日

今日は四代池坊専好の誕生日。池坊は五百年以上の歴史がある。昔は立花、生花という形に合わせて生けるものだっが、後に、形にとらわれない自由花、新風体が考案される。不易と流行を大切にしてきたからこそ続いた。

※ねらい：「不易」と「流行」という言葉を獲得し、理解語彙から表現語彙へつなぐきっかけにする。語彙を広げる。

10／15

作文教育研究会

今日は助け合いの日です。地域のボランティア活動を呼びかげる目的があります。ボランティアと言うと大げさに聞こえるかもしれませんが、ゴミを拾って捨てるのも立派なボランティア。みんなで小さなことから始めてみませんか。

。10/15「助け合いの日」にそえて。
。朝の話や道徳の中でも取りあつかえる内容。

11／16

作文教育研究会

今日は、詩人のまど・みちおの誕生日です。代表作は「ぞうさん」「やぎさんゆうびん」「一年生になったら」など、皆が知っている曲ばかりです。世界でも評価が高く、日本人で初めて国際アンデルセン賞を受賞しました。

やなせたかし作詞（手のひらを太陽に）
阪田寛夫作詞（ねこふんじゃった他）
幼い頃から歌っていた童謡と国語の教科書に載っている
詩人がつながる。その時子どもは、詩に音楽を乗せた
ものが歌になるんだと、気付くのかもしれません。

作文教育研究会

2017.12.17

みぞれ・淡雪、細雪
牡丹雪など多くの名を
持つ雪。今年はラ・ニー
ニャ現象で寒さが厳し
く雪も多い予報である。
豪雪地帯では、除雪や
雪降ろしなどの雪との
闘いが始まっている。
狭い国土だが、まだま
だ未知の表情をもつ。

多くの名前を持つ自然現象に気づくとともに、南北に長い国土での経験したことがない環境を知ってほしいという願いをこめました。

1／17　今日は何の日

今日はおむすびの日。
一九九五年一月十七日、
阪神・淡路大震災では、
ボランティアの炊き出
しで被災者が励まされ
たことから、いつまで
もこの善意を忘れない
ためである。六月十八
日は、おにぎりの日。
おむすびとの違いは何。

※ねらい：「おむすび」と「おにぎり」の違いを話題にすることで、言葉にこめられた意味を考えるきっかけとする。

2/22

作文教育研究会

今日は、猫の日です。「ニニニ」と「にゃん、にゃん、にゃん」の語呂合わせで決まりました。言葉で遊ぶということですね。他にも語呂合わせで決まった○○の日があります。さて、どんな日があるか、想像してみましょう。

語呂合わせという言葉遊びの楽しい世界に子どもたちを誘いました。語呂合わせは文字列を覚えたり、時には暗号にも使われたりします。「○○の日」も語呂合わせがたくさんあります。子どもたちと新しく創ったりするのも楽しいでしょう。

3/29

作文教育研究会

今日は、若楠小の皆さんとお別れする辞任式です。一年間、皆さんと充実した活動ができたことが嬉しいです。若楠小は「よか児童、よか先生、よか地域の人」が集う学校です。次は、若楠小に負けない学校をつくります。

学校行事の中でも、「式」がつく行事は特別なものです。他にどんな「式」があるか考えさせたいです。
皆さんと過ごした「充実」した活動。一つ一つ思い返すなかで、「充実」という語彙を広げたいです。

暗唱する本も決めましょう。

本のコマーシャルコーナー

本の題《だい》　ぱんつくったよ

作者　平田昌広

どんなとき、どんな人におすすめ、
・けらけら笑いたいとき
・言葉について、いろいろ興味がある人

（言葉）がでてくるお話

ひとことコマーシャル

「ぱん、つくったよ」と「ぱんつ、くったよ」では、あれれ、文の意味が全く変わってくるね。読む時に区切る場所を変えると意味が変わることを絵を見ながら勉強できるよ。みんなは「、」と「。」を正しく使っているかな。

暗唱する本も決めましょう。

本のコマーシャルコーナー

本の題《だい》　1から100までのえほん

作者　たむらたいへい

どんなとき、どんな人におすすめ、
さんすう（かず）がにがてな人に

（十のまとまり）がでてくるお話

ひとことコマーシャル

このほんには、十のまとまりがわかるように、あるくふうがしてあります。そのくふうをみつけることができたら、あなたは、「十のまとまりめいじん」です。じつは、きょうかしょにも、おなじくふうがしてありますよ。

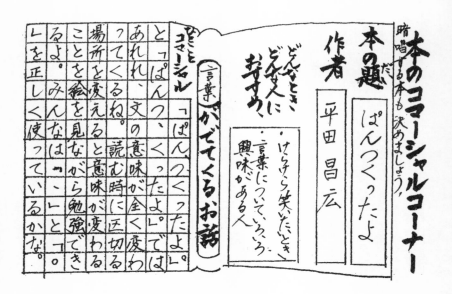

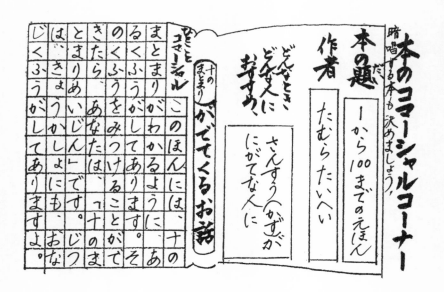

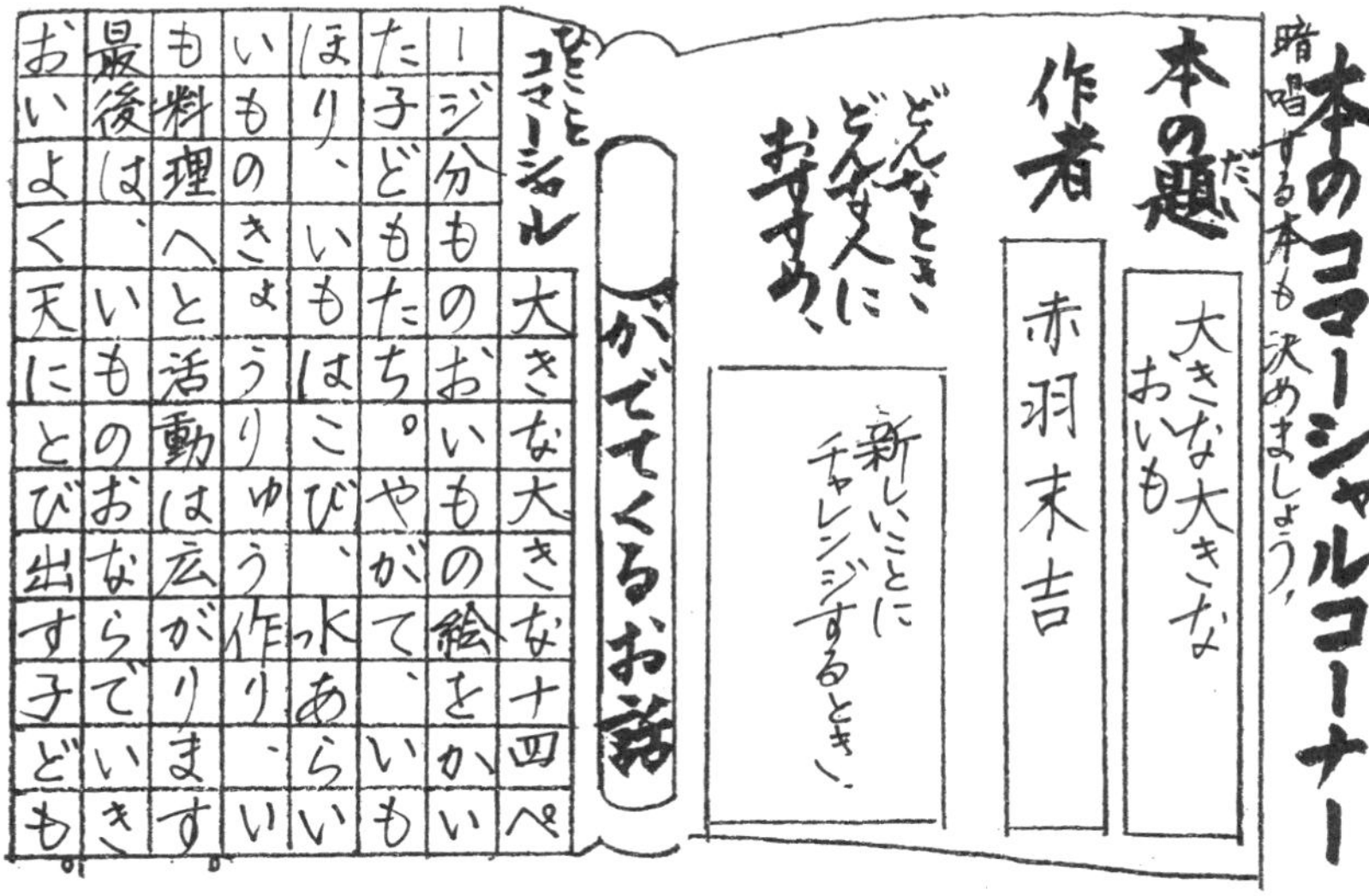

本のコマーシャルコーナー
暗唱する本も決めましょう。

本の題《だい》　大きな大きなおいも

作者　赤羽末吉

どんなとき、どんな人におすすめ、　新しいことにチャレンジするとき、

がでてくるお話

ひとことコマーシャル　大きな大きな十四ページ分ものおいもの絵をかいた子どもたち。やがて、いもほり、いもはこび、水あらい、いものきょうりゅう作り、いも料理へと活動は広がります。最後は、いものおならでいきおいよく天にとび出す子ども。

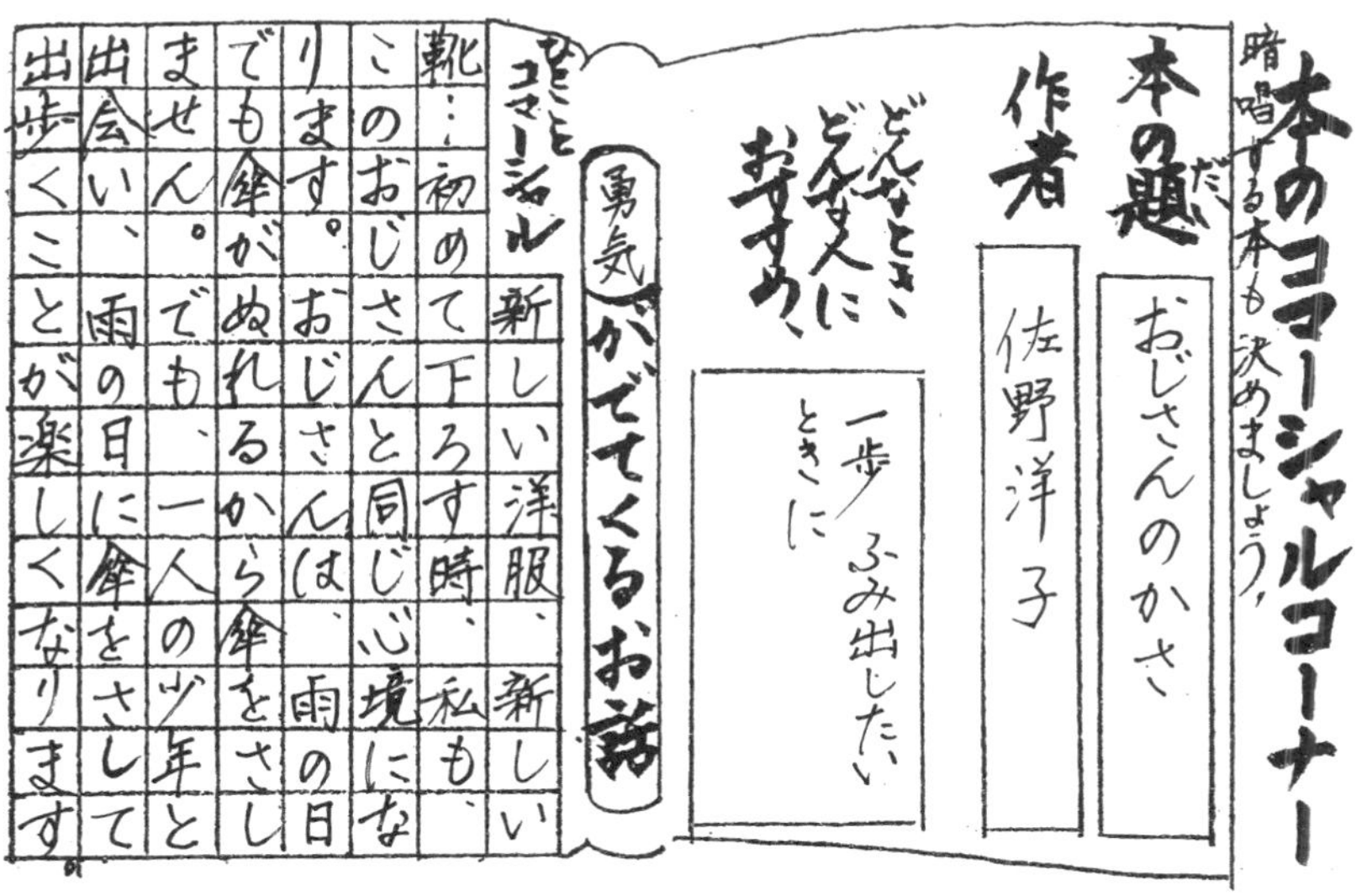

本のコマーシャルコーナー
暗唱する本も決めましょう。

本の題《だい》　おじさんのかさ

作者　佐野洋子

どんなとき、どんな人におすすめ、　一歩ふみ出したいときに

勇気がでてくるお話

ひとことコマーシャル　新しい洋服、新しい靴…初めて下ろす時、私も、このおじさんと同じ心境になります。おじさんは、雨の日でも傘がぬれるから傘をさしません。でも、一人の少年と出会い、雨の日に傘をさして出歩くことが楽しくなります。

暗唱する本も決めましょう！

本のコマーシャルコーナー

本の題《だ》　サザエさんと日本を旅しよう！

作者　久保田榮一（飛行者）

どんなとき、どんな人におすすめ、
・サザエさんが大すきな人
・日本の都道府県のことを知りたい人

地理　がでてくるお話

ひとことコマーシャル

みんなは日本の都道府県のことをどれくらい知っていますか。この本を読めば、みんなもよく知っているサザエさんが日本全国を旅しながら一県一県のことを分かりやすく教えてくれますよ。いっしょに日本を旅してみよう！

暗唱する本も決めましょう！

本のコマーシャルコーナー

本の題《だ》　うた時計

作者　新美南吉

どんなとき、どんな人におすすめ、
自分なんてどうせだれも信じてくれないと落ちこんでいる人

信じる心　がでてくるお話

ひとことコマーシャル

清廉潔白の廉から名前がついた廉平は通りすがりのおじさんに親しく話しかけポケットのうた時計をきかせてもらう。疑うことを知らない廉平と歩くうちにおじさんの心に変化が。信じる心の美しさを味わえる珠玉の短篇。

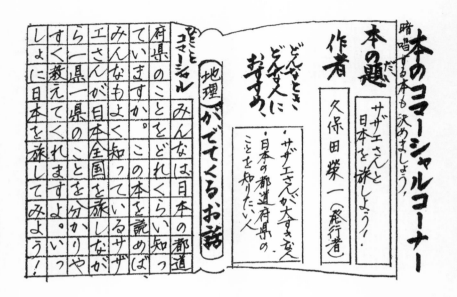

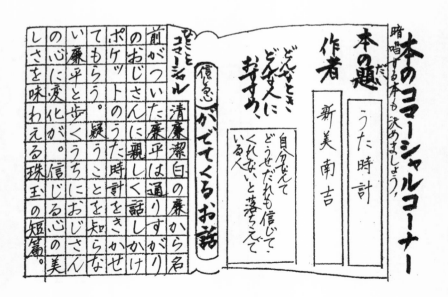

本のコマーシャルコーナー

暗唱する本も決めましょう,

本の題《だい》　かげ

作者　新美南吉

どんなとき、どんな人におすすめ、　自分が一番強い（弱い）と思っている人に

ひとことコマーシャル

（自分の別の面）がでてくるお話

自分のかげを宿敵と
思いこみ競争を挑むカラス。
どれだけ速く飛んでも何度く
り返してもかなうはずはなく
ついには…。しょうげきの結
末に自身をふり返る相克の童
話』新たな南吉像と出会える。
「相克の南吉童話秋澄めり」順子

本のコマーシャルコーナー

暗唱する本も決めましょう,

本の題《だい》　鍋島直正

作者　杉谷昭

どんなとき、どんな人におすすめ、　郷土の歴史や偉人に興味を持ったとき

ひとことコマーシャル

（情熱）がでてくるお話

時は幕末、欧米列強
の脅威が増す中、日本で最も
早く近代化を成しとげた人物
こそ鍋島直正。予測不可能な
時代に前を向き、佐賀に情熱を
注いだリーダーの姿がそこに。
現代に受け継がれる郷土の誇
りの原点がここに。読むべし。

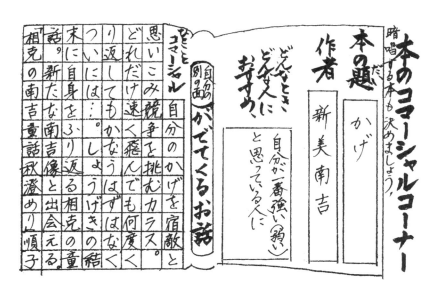

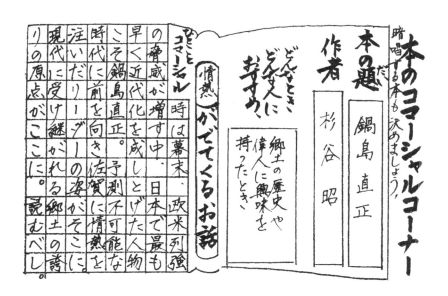

おわりに…　書き手誕生

「思へば言ふぞよき躊躇（ためら）はずして言ふぞよき」（島崎藤村『若菜集・序』）と詩歌の自由表現解放を謳歌されたが、私どもは、文種も文体も自分の気持ちのままに表現することを無限に許されたのです。教師としての条件と制限に拘束されないで思うがまま伸びやかに自由に綴る場をもつことができるのです。自分の文章表現が自在に可能なのです。読書ノートもしくは作文ノートに躊躇しないでメモできるのです。指導用の資料集めからは解放されたのです。一刻一刻自分のためにメモし文章を書きましょう。

昭和56年以来、勉強会を毎月継続し、できる範囲で刊行してまいりました。『小学校作文の世界』、『小学校作文の鑑賞』として銀の鈴社が刊行してくださって感謝しております。

「小学生に作文の力を」という目標で続けてまいりました。その全てを、元茨城大学教授の大内善一先生が、国語教育学会で考察対象にしてくださり、詳細に研究的かつ実践的に検討くださり、適切なご助言・ご提言を賜り、会員にとってこのうえない指針となりました。この場を借りて衷心よりお礼申しあげます。

さあこれからご一緒に「教師も愉しむ」表現世界に邁進しましょう。むろん読書生活と併行して。

（白石　壽文）

執筆者一覧（五十音順）

顧　問　白石　壽文　佐賀大学名誉教授
会　長　権藤　順子　本庄小学校
地区リーダー　本村　一浩　名護屋小学校
橋本　幸雄　有明西小学校
峰　茂樹　東原庠舎西渓校
米倉　一成　高木瀬小学校

会　員　浅井　のぶ子　西川登小学校
荒川　尚　附属小学校
池田　直人　七浦小学校
今泉　博枝　南波多郷学館
今泉　幸子　基山小学校
江口　将史　川上小学校
江里口　大輔　本庄小学校
最所　美紀　三根東小学校
重松　景二　東脊振小学校
白井　雄大　附属小学校
須田　千華　西与賀小学校
多々良　美由紀　赤松小学校
長野　篤志　東部教育事務所
辻田　綾奈　東脊振小学校
筒井　泰登　平原小学校
中尾　宰子　上峰小学校
中村　謙輔　波多津小学校
平田　昌志　本庄小学校
古川　雅　唐津市教育委員会
松尾　達也　附属小学校
松永　陽一郎　諸富北小学校
三上　阿利佐　牛津小学校

（平成三十一年三月現在）

主要索引（初出のみ抽出）

（白石壽文）

編著者紹介

白石壽文（しらいし　ひさふみ）
　1937（昭和12）年生　広島大学大学院修了　広島大学助手、広島大学教育学部附属中・高等学校教諭、佐賀大学教育学部講師・助教授・教授を経て、2003（平成15）年退官、佐賀大学名誉教授
　1985（昭和60）年から１年間、中国南開大学大学院招聘教授（日本語学）
　現場教師の方々と毎月勉強会を継続
著書『育つことば育てることば』（東洋館）
共著『小学校作文の授業～練習学習と書くことを愉しむ学習～』（'86. 教育出版センター）、『小学校作文の単元～個人文集への誘い～』（'89. 教育出版センター）、『小学校作文の指導～広がる世界、深まる絆～』（'01. 銀の鈴社）、『小学校作文の生活～子どもを育て、教師と保護者の絆を深める日記指導～』（'08. 銀の鈴社）、『小学校作文の鑑賞―文集が誘う個性と文種―』（'12. 銀の鈴社）

権藤順子（ごんどう　じゅんこ）
　長崎大学教育学部卒業、小学校教諭、教育センター研修員、附属小学校教頭を経て、現在、本庄小学校校長
『小学校作文の単元～個人文集への誘い』のワークシート作成時から作文教育研究会会員、俳誌「森の座」同人、佐賀童話仲間の会「ブランコ」会員
共同執筆『小学校作文の指導～広がる世界、深まる絆～』（'01. 銀の鈴社）、『作文指導実践事例集～楽しむ文章世界』（'03. 自費出版）、『朝倉国語教育講座Ⅰ国語教育入門』（'05. 朝倉書店）、『小学校国語 PISA 型読解力向上の学習問題と解決』（'07. 明治図書）、『小学校作文の生活～子どもを育て、教師と保護者の絆を深める日記指導～』（'08. 銀の鈴社）、『小学校作文の鑑賞―文集が誘う個性と文種―』（'12. 銀の鈴社）

NDC 375
白石壽文・権藤順子
神奈川　銀の鈴社　2020
236頁　21cm（教師も愉しむ作文生活）

国語教育叢書
教師も愉しむ作文生活

定価＝二〇〇〇円＋税

二〇二〇年一月二四日（初版）
編著者――白石壽文©・権藤順子©
挿　画――阿見みどり
発行人――柴崎 聡・西野真由美
発　行――㈱銀の鈴社　http://www.ginsuzu.com
〒二四八-〇〇一七　神奈川県鎌倉市佐助一-一〇-二二佐助庵
電　話　0467(61)1930
ＦＡＸ　0467(61)1931

ISBN978-4-86618-085-4　C3337

印刷・電算印刷　製本・渋谷文泉閣

国語教育叢書

小学校作文の生活

子どもを育て、教師と保護者の絆を深める日記指導

白石壽文・権藤順子／編著

A 5　256頁／'08.3　2,000円＋税
ISBN978-4-87786-760-7 C3337

第一学年から第六学年まで、学年別の指導法。
児童の日記を中心に三者（児童、家族、教師）が喜びを分かち合い、何でも話し合えることを目ざしてとり組んできた実践記録。日記によって生まれた人間関係。日記に向かうことで培われた自分自身。「生き生きと日記を記す」明日へのエネルギーの種火づくりです。

小学校作文の鑑賞

文集が誘う個性と文種

白石壽文・権藤順子／編著

A 5　248頁／'12.6　2,000円＋税
ISBN978-4-87786-762-1 C3337

1）Q＆A「文集で学力をつけることができるのでしょうか」
2）Q＆A「文集にはどのような種類がありますか」
3）Q＆A「文集を作るとき鑑賞会は必要ですか」
4）文集活動の継続と発展

児童によっては、物語は得意だけど説明文は苦手、短い文章はいいけど長文は苦手など実態や意欲が異なります。自分の表現したいものは、どの文種がふさわしいのか、目的や相手に応じて自在に選ぶためには、幼い頃からさまざまな文種に出会わせることが大切です。